実践 Scenario Planning
シナリオ・プランニング
［不確実性を利用する戦略］

PwC コンサルティング
池田和明
IkedaKazuaki
今枝昌宏
ImaedaMasahiro

［著］

東洋経済新報社

はじめに

　本書は、不確実性に立ち向かい、それを自社の機会とするための戦略策定の考え方である「シナリオ・プランニング」を、ビジネスに活用するための実践の書である。

　多くの業界で、事業環境の変化の程度と速度は増大し、不確実性が高まっている。それとともに、中期経営計画不要論が台頭している。中期経営計画は3～5年程度の期間で策定されるが、策定後1～2年経過してみると、事業環境が計画策定時の想定と大きく異なり、そこに埋め込まれた戦略の有効性が失われるケースが多発したためである。しかし、これは将来の事業環境について単一の状態を想定する従来型戦略策定の欠陥であり、中・長期的な観点から戦略を策定することの重要性は変わるものではない。

　実践的シナリオ・プランニングは、複数の将来の事業環境を想定し、その中で柔軟性をもった戦略を策定するための手法である。従来のシナリオ・プランニングの考え方に、筆者たちがコンサルティング経験を通じて得た知見を加え、新たなものとした。これによって、事業環境の変化に対する洞察に加え、「現在」および「将来」に何をすべきかという明確な戦略を得ることができる。また、研究開発や大規模設備などへの戦略的な投資案件の意思決定においても活用できる。

　本書は以下のような幅広い立場の方々にご利用いただけると考えている。

◐事業部門の責任者

　事業計画策定において、事業環境の変化への対処は重要なポイントになる。環境変化について深く理解し、柔軟性をもつ戦略を策定し、実行していくことが求められる。

▶**経営企画スタッフ**

全社戦略策定および事業戦略策定に携わるとき、また、事業部門に事業計画策定の枠組みとプロセスを示すときに、不確実性下での戦略策定に関する理解が必要となる。

▶**戦略的投資プロジェクトのマネージャー**

大規模かつ長期間にわたるプロジェクトを企画するとき、またはその実行過程を管理するときには、そのプロジェクトに関連する不確実性を把握し、価値を最大化するための戦略策定とリスク・マネジメントを行う。

▶**財務企画スタッフ**

不確実性が高まるなかでの投資意思決定手法として、リアルオプションが注目を集めている。そこでは、精密なオプション価値の評価よりも、不確実性を機会とする意思決定の柔軟性（リアルオプション）の発見が重要となる。

▶**経営者**

自社を取り巻く環境の変化を深く理解し、将来の展望と、全体観をもって経営にあたっている。不確実性のなかで、自社のビジョンと基本戦略を策定し、組織を牽引する必要がある。

▶**そして、戦略について学習しようとする方**

本書では、事業環境分析、ビジネスモデル分析および戦略策定ロジックといった、基本的な戦略策定の考え方を押さえたうえで、さらに不確実性を活用するための手法を解説している。

本書は次のような構成となっている。

第1章　実践的シナリオ・プランニング概論

シナリオ・プランニングの意義とその発展について触れ、従来型シナリオ・プランニングと対比する形で、本書で紹介する実践的シナリオ・プランニングの特長について解説している。

第2章　事業環境分析とシナリオの構築

まず、視点を外部環境に置く。多くの事業の環境変化に影響を与える深層潮流についての分析、およびマクロ的な視点と業界構造の視点からの環境変化要因の分析について述べている。そして環境変化要因の分析結果から、戦略策定や投資意思決定のためのシナリオを構築する方法について説明している。

第3章　自社ビジネスモデルの分析

次に、視点を自社のビジネスに移す。現状の自社のビジネス構造および強みと弱みを分析し、将来の環境変化から受ける影響を評価する方法を説明している。ここでは、ビジネスモデルの概念を明確に定義し、静的モデルと動的モデルという2つの分析手法を導入している。また競合他社の分析にも触れている。

第4章　シナリオ・プランニングにおける戦略策定

複数の将来の事業環境シナリオと、自社ビジネスモデル分析をふまえた戦略策定について述べている。各シナリオ下での戦略については基本的な戦略策定手法をベースにしている。そして、複数の各シナリオと戦略を統合し、現時点の意思決定と将来の条件つき意思決定からなる、不確実性下での戦略策定の考え方を解説している。

第5章　シナリオ・プランニングの実施プロセス

企業内での実践時の具体的な指針となるように、実践的シナリオ・プランニングの進め方と留意点について述べている。

第6章　シナリオ・プランニングの周辺方法論

シナリオ・プランニングと組み合わせて適用し、さらに深い検討を可能とする戦略ツールを解説している。経済性評価のための企業価値分析、意思決定の柔軟性を考慮したディシジョンツリー分析、そしてリアルオプションについても触れている。また、事業環境と自社の行動との相互依存性を分析するためのゲーム理論についても触れている。

第7章　ケーススタディ

シナリオ・プランニングによる中期経営計画策定について、ある一般用医薬品メーカーにおけるケーススタディを取り上げる。これによって、シナリオ・プランニングのコンセプトと実施方法について、より具体的な理解が可能となる。

将来が非常に不透明ななかで意思決定を行うとき、2つの極端な対応が見られる。1つは、しょせん将来のことはわからないとあきらめることである。自然の成り行きに身をまかせ、問題が起きればそのつど対処する。あるいは、まずは他社にやってもらい、成功しているのならば、それに追随するという対応である。こうした思考様式が浸透してしまうと、その企業に将来はない。もう1つは、あるシナリオが実現することに自社の命運を賭けることである。その結果、少数の幸運な企業は賭けに勝ち、大きなリスクをとった代償として大きな成功を手にするが、残りの多くの企業はさらに苦い現実に直面することになる。失敗を恐れないベンチャー企業であれば、こうした賭けに出られる。しかし、多くの顧客、従業員、株主を抱える企業においては、向こう見ずな賭けに出て、多くの利害関係者を過大なリスクにさらすことは許容されない。

はじめに

　残された方法は、合理性をもって、不確実性に立ち向かうことである。事業環境がもつ不確実性を分析し、将来の事業環境がどのような姿をとりうるのかを理解することである。次に、自社の機会を識別し、機会を獲得するために必要なリスクをとり、かつ不要なリスクが回避できる戦略を策定する。そして、組織を基本戦略の実行に向けて動員していく。我々のもつ合理性は限定されているが、このような姿勢と行動が成功をもたらすのである。
　これが本書で紹介する実践的シナリオ・プランニングの考え方であり、変化の激しい現代の環境下で、多くの企業の発展に貢献すると信じている。

　最後に、本書の出版にあたり、コンサルティング実務を通じて多くの示唆を与えてくれたPwCコンサルティングの同僚、出版の要請を快諾いただき、内容や文章の推敲に多くのご意見をいただいた東洋経済新報社の大貫英範氏、深夜や休日に行われた本書の執筆を支えてくれた妻たちに感謝の意を表したい。

2002年5月

池田　和明
今枝　昌宏

CONTENTS

実践 シナリオ・プランニング
――不確実性を利用する戦略

はじめに …………………………………………………………… *1*

CHAPTER 1 実践的シナリオ・プランニング概論

1 シナリオ・プランニングの意義 ………………………… *12*
2 シナリオ・プランニングの歴史 ………………………… *14*
3 実践的シナリオ・プランニング ………………………… *16*

CHAPTER 2 事業環境分析とシナリオの構築

1 増大する不確実性 …………………………………………… *24*
2 産業バリューチェーン分析 ……………………………… *36*
3 マクロ環境分析 ……………………………………………… *39*

4　産業バリューチェーンへの影響分析と
　　　　事業環境の不確実性分析 ……………………………… 47
　　5　シナリオの展望期間（タイムホライゾン）の
　　　　設定 …………………………………………………………… 56
　　6　シナリオ・ドライバーの抽出と関係分析 ………… 59
　　7　シナリオの構築 …………………………………………… 65

CHAPTER 3　自社ビジネスモデルの分析

　　1　ビジネスモデルの考え方 ……………………………… 74
　　2　静的なビジネスモデル ………………………………… 79
　　3　動的なビジネスモデル ………………………………… 94
　　4　ファイナンシャルモデル …………………………… 106
　　5　競合他社の分析 ………………………………………… 111

CHAPTER 4　シナリオ・プランニングにおける戦略策定

　　1　シナリオ・プランニングにおける戦略策定の
　　　　基本的な考え方 ………………………………………… 119
　　2　各シナリオにおける戦略策定 ……………………… 121

3 シナリオに対する戦略の統合
——意思決定のタイミングに関する基本戦略 *139*

4 重要な不確実要因の認識と情報を取得する
仕組みづくり………………………………………… *148*

CHAPTER
5 シナリオ・プランニングの
実施プロセス

1 中期経営計画への統合……………………… *152*

2 実施体制とアプローチ……………………… *154*

3 その他の目的のための
シナリオ・プランニング …………………… *160*

4 ワークショップの運営……………………… *163*

CHAPTER
6 シナリオ・プランニングの周辺方法論

1 企業価値分析………………………………… *168*

2 ディシジョンツリー分析と
リアルオプション分析……………………… *173*

3 ゲーム理論…………………………………… *184*

CHAPTER 7 ケーススタディ

1 ケーススタディについて ……………………… *190*
2 事業の定義および環境変化要因抽出と
   展望期間設定 ……………………… *193*
3 シナリオ・ドライバーの抽出と分析 ……………… *201*
4 シナリオの構築 ……………………… *205*
5 ビジネスモデル分析と
   シナリオ下での影響分析 ……………………… *211*
6 個別シナリオに対する
   戦略策定と戦略の統合 ……………………… *215*

本文デザイン　　株式会社レクト
DTP・図版制作　D.C.MASA

CHAPTER 1

実践的シナリオ・プランニング概論

1 シナリオ・プランニングの意義

　楽園を目指し、地上を歩いているとしよう。目指す方角を展望するとき、距離が遠くなるほど視界は不明瞭となる。そして、我々が地球という球体上に位置することから、地平線の彼方は見えなくなってしまう。

　どの地点から展望不能となるかは、地表が平坦で、身長の違いを無視したとすれば、地球の半径によって決定される。実際には、地表には山があり谷がある。道中で、巨大な山が視界を遮るときもあれば、山の頂で視界が開けるときもあろう。

　経営者やマネージャーが直面する事業環境は、それと似ている。将来を展望するとき、その姿は時間が先になればなるほど、曖昧になっていく。そして遠い将来については、もはや展望不能になってしまう。また、事業環境も平坦なものではなく、重要な不確実要因があり、その帰結によって大変化がもたらされることがある。事業環境の展望性は、その業界に内在する不確実性に依存するが、各業界によって内在する不確実性は異なる。

　この状況下においても、経営者やマネージャーは、経営上の意思決定を実施しなければならない。意思決定がもたらす結果が想定できればよい。しかし、いま実施すべき意思決定の結果が判明するのが、展望できない将来になるとしたら、はたして適切な意思決定ができるのだろうか。しかも、多くの産業で、不確実性は年々増大しているように思える。技術革新による産業構造の激変、規制緩和、新しいタイプの競合他社の参入による競争の変質といった、現状の延長ではない、不連続的な新しい事業環境が出現しつつある。

　シナリオ・プランニングとは、将来の事業環境に関する複数のシナリオを

想定し、そのうえで自社の戦略を策定することである。シナリオとは、自社が直接コントロールすることができない、顧客や競合他社の動向を中心とした事業環境について記述するものである。また戦略とは、その事業環境をふまえた、自社の意思決定の集合をいう。従来型の戦略策定は、将来の事業環境を、単一の状態として、ある程度展望可能であるという前提に立ち、その事業環境下で有効となる戦略を策定していた。

　しかし、不確実性の増大によって、事業環境の展望性が大きく損なわれている状況下で、このアプローチは有効性を失ってしまった。想定と大きく異なる事業環境が出現した時、その戦略は意味をなくしてしまうのである。したがって、シナリオ・プランニングでは事業環境の展望性に関する条件を緩め、将来について単一の展望はもてないが、ある大きな振れ幅をもつ状態として、または異なった複数の状態として展望することが可能という前提に立つ。

　不確実性は企業にとって脅威であるとともに、新たな成長の機会でもある。そして、不確実性による自社のリスクを低減し、それを機会として活用するための戦略を策定する。そうであればこそ、経営者やマネージャーの意思決定能力の向上が期待できるのだ。

　さらに本書では、シナリオ・プランニングについて、その思想だけではなく、より具体的な概念、フレームワーク、進め方の解説をする。また、不確実性の増大に対応して、不確実性下における意思決定に、より焦点を当てる。それを実践的シナリオ・プランニングと呼ぶ。実践的シナリオ・プランニングは、従来のものと共通する点もあれば、異なる点もある。ここで、シナリオ・プランニングの歴史を把握することは、実践的シナリオ・プランニングの理解において重要であるので、簡単に振り返ってみる。

2 シナリオ・プランニングの歴史

　シナリオ・プランニングは、第2次世界大戦後の米空軍の戦略策定から始まったとされる。敵軍の動向の想定とその対策の検討に使用されていた。その後、民間での研究が進み、1960年代後半になると将来の事業環境を予測するための手法として、洗練が加えられていった。従来のプランニング手法においては、単一の事業環境予測によっていたが、シナリオ・プランニングでは複数の起こりうるシナリオを予測し、それらに対処するための戦略が検討される。

　こうしたシナリオで最も有名なのが、1970年代初めにロイヤルダッチ・シェルのシナリオ・プランニング部門によって作成された、石油輸出国機構（OPEC）による石油危機シナリオ[1]である。

　第2次世界大戦以降、先進国経済は石油に対する依存度をますます高めていた。その重要性ゆえに価格安定の努力がはらわれ、結果として1970年代初めまで石油価格は安定していた。しかし、シェルのシナリオ・プランニング・スタッフは、その状況を変化させる社会の変化の潮流と、そのきっかけとなりうるイベントに気がついていた。当時、米国をはじめとした西欧諸国で石油需要が増大しつつあった。一方で、1967年のアラブとイスラエルとの戦争の際に、西欧諸国がイスラエルを支援したことから、アラブ諸国には反西欧感情が高まっていた。そして、1975年までに石油価格協定の見直しが実施されることになった。

　それらをふまえてシェルのスタッフは、将来の事業環境に対する2つのシナリオを作成した。第1は石油価格が安定を保ち続けるシナリオ、第2は石

油危機シナリオである。第1のシナリオが実現するには、新油田が非アラブ地域で発見されるなどの条件がついており、それほど実現性は高くないように思われた。一方、第2のシナリオは十分に実現の可能性があると判断されたのである。

しかしシェルでは、1973年に現実に第1次石油危機が起こる以前、このシナリオに備える戦略は実行されなかった。それでもシェルは、第1次石油危機に最も迅速に対応し、以降の数年間最も成功した石油メジャーはシェルであった。これは、同社の経営陣のなかで、石油危機に対する準備ができていたためといわれている。

以降、シェル流のシナリオ・プランニングは、将来の予測ではなく、経営者・管理者の意思決定スキルの向上という組織的学習に重点が置かれていく。将来の起こりうる企業環境を想定し、事前に対処法を考えておくことは「未来の経験」と呼ばれる。そして1990年代に至るまで、多くの企業でそれを適用する試みが行われ、洗練が加えられていった。

ここでいうシナリオとは、「それぞれ十分に起こりうるが、構造が異なる複数の未来像」と定義されている。そして各シナリオに、その発生確率を付すことは行わない。なぜならシナリオは確率論的思考ではなく、因果関係論的思考プロセスを経て組織における創造的活動を刺激し、従来から置いていた前提条件を見直し、事業環境を再認識するためのものであるからだ。

このプロセスからは、必ずしも、いま、何をすべきかを規定する戦略計画は導かれない。だがそれはそれでよしとする。この場合のシナリオは、将来の事業環境変化をもたらす要因について深く検討し、その結果、実現しうる事業環境を描き出し、組織内で共有するという組織的学習のためのツールであるからだ。そしてシナリオは、最終的には起承転結の物語形式にまとめる。これは、経営者やマネージャーに覚えやすいものとし、彼らの興味を刺激し、新たな発想を引き出すことを目的としている。

3 実践的シナリオ・プランニング

　近年、不確実性の増大によって、経営意思決定はますます難しくなっている。筆者たちはコンサルティング活動を通じてそれを痛感し、不確実性下での戦略策定に関して検討してきた。シナリオ・プランニングはそのための有力なツールになる。従来から多くの文献で語られている、組織的学習を強調したシナリオ・プランニングの有効性は認める。しかし、現実の企業経営においては、組織的学習だけではなく、やはり組織構成員の行動を特定の方向に向ける明示的な戦略が必要である。

　実践的シナリオ・プランニングの目的は、不確実性下で企業が勝ち残るための戦略を策定することにある。実践的シナリオ・プランニングは、従来型のシナリオ・プランニングに対して、①構造化された事業環境シナリオ、②オプション思考による戦略策定、③経営計画策定プロセスへの埋め込みという、3つの点から特徴づけられる。それら3つの点について解説する。

構造化された事業環境シナリオ

　シナリオ・プランニングでは、事業環境がもつ不確実性を分析することから始める。事業環境とは、自社が事業を営む産業において、自社を取り巻く利害関係者の動向の総体をさす。利害関係者とは、顧客、競合他社、顧客および競合他社を含む総体としての市場、ビジネスパートナー、規制当局、新規参入者、投資家などをいう。

　自社の動向は、戦略としてとらえ、事業環境には含めない。そして、将来

の事業環境がどのような姿をとりうるかを展望するために、不確実性を分析する。それは次のような手順で実施される。

① 展望期間（タイムホライゾン：シナリオで展望する将来の時間的範囲）を決定する。
② 不確実要因（事業環境の変化に影響を与え、かつその帰結が現時点では判明しない要因）の洗い出し。
③ 重要不確実要因（自社にとって重要となる不確実要因）の特定。

次に、重要な不確実要因について、それらの因果関係や相互作用、帰結が判明する時期、および展望期間のなかでとりうる状態やその変動幅に関する検討を実施する。そして、不確実要因を構造化し、シナリオ論理モデルを構築する。そしてシナリオ論理モデルが示す将来に発生しうる複数の事業環境のすべて、あるいは代表的なものをシナリオとする。

シナリオは、本質的に異なる未来を表現するもので、その数は数個程度と多くしすぎないことが重要である。シナリオは、経営者や管理者の不確実性に対する理解を深め、自社が不確実性に対処、あるいはそれを利用する戦略策定に大きな示唆を与えるものである。

また、実践的シナリオ・プランニングにおけるシナリオは、市場や重要な利害関係者の動向を箇条書きにしたレベルで十分である。確かに、シェルのシナリオのように物語形式にまとめれば、経営者や管理者に与える印象が強くなるという利点があり、そこから新たな発想が生まれてくるかもしれない。しかし、物語形式とすることで、装飾的な要因が反映され、重要な不確実要因が物語に埋もれてしまったり、冗長なものになりかねない。

構造化された事業環境シナリオの策定については第2章で詳細に説明する。

オプション思考による戦略策定

シナリオ・プランニングにおいてシナリオは、「それぞれ十分に起こりうる

が、構造が異なる複数の未来像」と定義される。基本的に、この複数の未来像たる各シナリオには、発生確率は付さず、同等に発生しうると考える。したがって、戦略策定においても各シナリオは同等に取り扱われることになる。

各シナリオは、それぞれ構造が異なる未来を想定しているのだから、各シナリオ下で有効な戦略も大きく異なることが多いだろう。大きく異なる複数の戦略代替案が想定されるとき、どれを選択すればよいのだろうか。

従来型のシナリオ・プランニングでは、「選択」について考えるだけでなく、プランニングのプロセスを活用して、戦略の代替案をよりよいものにできないかを検討する。代替案の選択が迫られる状況に追い込まれるまでは、ひとつの戦略に絞り込むよりも、可能性のある複数の代替案の内容を充実させることを目指す。

つまり、各シナリオの帰結が判明しない時点においては、各シナリオが発生した場合に有効な戦略に関する検討を深めておき、どれを実際に選択するかという意思決定は保留しておく。そして将来、各シナリオの帰結が判明したのちに選択が行われることになる。

この意思決定方法の背後には、将来、各シナリオの帰結が判明するまでは選択は迫られない、という前提が置かれている。つまり、不確実性下では意思決定しないということを主張しているのである。これは、重要不確実要因があるが、それに気がついているのは自社だけで、競合他社はそのことを十分に認識していないという状況において有効性をもつ。自社では、重要不確実要因の帰結がもたらす事業環境変化について、事前に十分に研究し対策が練られているので、他社がそれに気づき、対策を検討するまでの時間分だけ優位に立てるのである。そう、まさしく第1次石油危機に直面したシェルのような状況である。

また、ある重要不確実要因が存在しているが、自社も競合他社も、その帰結が判明してから意思決定し、新たな戦略を打ち出しても十分に間に合うような状況があれば、そこでも有効である。

しかし、この方法には問題点がある。重要不確実要因の帰結が判明する以前に選択を迫られた場合、解答が得られないのである。また、常に不確実要

因がクリアされるまでは意思決定しないという、過度のリスク回避型経営にもつながる。

もちろん、その帰結が判明したときに意思決定して、それが間に合うことが理想的な状況である。だが、現代の多くの産業における環境変化は、シェルが直面した1970年代の石油産業よりも激しいものになっている。重要不確実要因の帰結が判明する以前に、意思決定を迫られる状況がむしろ常態となっているのではないだろうか。したがって、大きな不確実性下にありながらも、合理的思考に基づき、リスクを限定し、または計算されたリスクをとる意思決定を実施する必要が出てくるのである。

実践的シナリオ・プランニングにおける戦略とは、不確実性下における、以下の意思決定の集合をいう。

現在の意思決定：
いま、重要不確実要因の帰結が判明する以前に行う意思決定。
将来における条件付き意思決定：
将来、特定のシナリオが発生した場合に行う意思決定。

ここでは、現在の意思決定、およびその結果実行される施策の集合を、基本戦略と呼び、将来における条件つき意思決定の集合を、オプションと呼ぶ。基本戦略には、オプションを獲得するための意思決定も含まれる。

基本戦略における意思決定は、①共通戦略の実行、②意思決定の留保、③リスクテイク戦略の実行、および④オプションの確保の4つに分類される。これらのすべてが、新規の施策の実行についてのみではなく、過去に計画された、または実行された施策の中止という施策を含んでいる。

① 共通戦略の実行：各シナリオのどれが発生しても有効な施策、あるいは特定シナリオに対応する施策であるが、他のシナリオが発生しても自社にネガティブな影響を与えない戦略を実行する。特定シナリオに対応した各施策の共通部分を抽出した施策の場合もありうる。こういった施策

が数多く存在することが望ましいが、構造が異なる複数の未来像である各シナリオのすべてに対して有効な施策は、限定されていることが多い。
② 意思決定の留保：重要不確実要因の帰結が判明しない時点では、各シナリオが発生した場合に有効となる施策に関する検討を深めておき、どれを実際に採用するかは、将来に重要不確実要因の帰結が判明するまで、または特定のシナリオが発生するまでは、その意思決定を留保しておく。ここからオプションが生まれる場合もある。
③ リスクテイク戦略の実行：特定のシナリオを想定し、それが発生した場合に有効となる施策を、重要不確実要因の帰結が判明する以前の段階で決定する。想定したシナリオ以外の事業環境となった場合には、有効性を失うかネガティブな影響をもたらす。
④ オプションの獲得：将来において重要不確実要因が特定の帰結をみたとき、または特定のシナリオが発生したときに、その状況に対応して有効性を発揮する施策を実施する権利（オプション）を獲得する。

基本戦略においては、共通戦略の実行に加え、将来の特定の状況に対応したオプションの獲得、あるいは、リスクテイク戦略実施の際のリスクを限定するためのオプションを獲得することで、リスクを限定しながら高い効果を目指す。オプション思考による戦略策定は、第4章で詳細に解説する。

このオプション思考を取り入れて、第1次石油危機に直面したときのシェルの戦略を説明してみよう。

　シェルは、シナリオ・プランニングの実施によって、第1次石油危機が発生する以前に、石油危機シナリオにおいて自社がとるべき施策を検討した。しかし、それを実施するという意思決定は、石油危機シナリオが発生するまで留保した。
　これは、シナリオ・プランニングを実施することで、石油危機シナリオが発生した場合に、速やかにそれに対処する施策が実施可能となる権

利を獲得したと見ることができる。一方で、競合他社は同種の検討を実施しておらず、シェルのような権利をもたなかった。そのために、石油危機への対応においてシェルに遅れをとったのである。

経営計画策定プロセスへの埋め込み

　実践的シナリオ・プランニングは、特別なシナリオ・ライターによってアドホックに実施されるのではない。経営計画策定プロセスにシナリオ・プランニングを組み込むことを提案している。多くの企業では3～5年のサイクルで中期経営計画を策定し、その後、年度計画に展開、年次でその内容が更新されている。そのなかで、将来の事業環境を展望し、それをふまえた戦略を策定し、施策としてスケジューリングするというステップをとっている。

　そこで、事業環境の展望において構造化された事業環境シナリオにより、戦略策定においてオプション思考を導入する。すると、シナリオ・プランニングを取り入れた中期経営計画策定となる。その後、年次での計画の更新時に、シナリオや基本戦略の見直しと、オプションの行使について検討していくのである。

　推進主体は、経営者から指名された検討チームであり、そこには企画スタッフだけではなく、事業ユニットの責任者やマネージャーも含まれる。経営者は、重要なマイルストーンにおいて、進捗や検討結果の報告を受けるだけではなく、重要なワークショップに参加する。

　この進め方によって、シナリオ・プランニングの目的のひとつである組織的学習効果が期待できる。経営計画策定プロセスへの埋め込みについては、第5章で詳しく解説する。

---

(1)　シェルの石油危機シナリオに関する解説は以下の2つの文献を参考にした。キース・ヴァン・デル・ハイデン著『シナリオ・プランニング――戦略的思考と意思決定』(ダイヤモンド社、1998年)、ピーター・シュワルツ著『シナリオ・プランニングの技法』(東洋経済新報社、2000年)。

CHAPTER **2**

事業環境分析と
シナリオの構築

1 増大する不確実性

　多くの産業における事業環境の変化の深層には、経済の世界を超えた社会環境の変化の潮流がある。その速度やうねり方は、幅広い分野に影響を及ぼす可能性をもっており、突発的な出来事によって、その影響が顕在化し、断続的な事業環境の変化をもたらす。

　ここでは1980年代以降から現在まで、多くの産業における環境変化の深層にあり、不確実性の増大に影響を与えてきた2つの潮流について、検討を加える。

　1つめは、1980年代に始まり、広範な地域で様々な産業を変革してきた、グローバル市場原理の浸透である。

　2つめは、1990年代から始まったインターネットの普及と情報通信技術の急激な革新による、ネットワーク社会の進展である。

　また、これまでは多くの産業の構造を変化させる力はなかったものの、現在、その影響力を増しつつある地球環境の保全についても、検討を加える。すでに、世界的にみて気候は荒々しさを増しており、環境への有害物質の蓄積は大きな問題となっている。今後、巨大な人口を抱える中国やインドが産業化を進展させていったとき、地球環境に与える負荷が懸念されるところである。

　すべての産業において、将来の事業環境を想定するとき、これらの潮流の動向に関心をはらい、自社の属する産業に与える影響について検討を加える必要がある。また、それに加え、各産業に特有の深層潮流を識別し、その動向を注視する必要がある。

グローバル市場原理の浸透

　1980年代前半に、英国のサッチャー政権と米国のレーガン政権によって推進された産業規制の自由化、公営企業の民営化などの政策は、80〜90年代を通じて、大陸ヨーロッパや日本にも広がっていった。また1991年のソ連崩壊以降、市場原理は中国を含めたより多くの地域に浸透しつつある。

　この20年間、多くの地域の多くの産業において、市場原理の導入、より競争的な市場への移行、業界規制の緩和による異業種の融合、貿易障壁の緩和による製品・サービス市場のグローバル統合が進展したか、あるいは進展しつつある。

　こうした市場原理の浸透によって、多くの産業において生産性の向上が見られ、貿易取引は増大し、世界経済は全体としてみれば大きな成長をとげた。そうしたなかで、最も進展したのは、資本移動規制の緩和、または撤廃による資本市場のグローバル統合であった。特に先進国における為替、金融、債券市場は、すでに単一の市場になりつつあり、株式市場におけるクロスボーダー取引も大幅に増大している。この資本のグローバル化は、生産要素や技術の移転を促すことで、製品・サービス市場のグローバル化を推し進めてきた。

　一方、これらのグローバル市場経済に自国の経済をうまくリンクできなかった地域では、経済成長は抑制され、相対的な地位が低下していった。一部の裕福な産油国を除く中東地域やラテンアメリカの国々は、経済的な観点からは苦境に立たされ、それが民族対立の遠因となっている。今後、グローバル市場原理は、それらの地域をも飲み込み領域を拡大していくのか、それともそれらの地域は迂回していくのかは定かではない。

　こうした時代の潮流の影響を受けて、多くの産業において事業環境の不確実性は増大してきたし、今後も増大しつつある。参入障壁の低下によって、競争は激しくなり、外国や異業種からの新たな種類の競合他社も出てきた。また、提供する製品・サービス、中間財、原材料の価格の変動性は大きくなった。さらに、為替取引の増大と為替相場の変動性の高まりによって、企業は大きな為替リスクにさらされ、その管理が重要な課題となった。

これらにより、個別企業レベルでは、優勝劣敗による収益水準の格差がより明確になり、収益の変動性も高まっていった。また資本市場においても、事業リスク、信用力が厳密に評価されるようになり、それによって資本調達コストに格差が発生するようになった。

日本の製造業、特に自動車産業や電機産業は、従来からグローバル競争下で事業を展開し、国際競争力を身につけた産業であった。しかし現在、それらにおいても大きな変化が見られる。製品・サービス市場においては、先進国市場の成熟によって成長が鈍化し、グローバル競争はさらに厳しくなった。また新たな成長市場として中国大陸に注目が集まっている。

さらに、中国を含めた新興産業国家では、もともと有する安価な労働力に加えて、技術移転による生産機能の比較優位性はますます高まっている。内閣府の調べによれば、我が国製造業全体で見た海外生産比率は、1991年度に5％弱であったものが、2000年度の見込みでは11％強まで増大し、海外で生産している製造業者の割合は62％にも達している。

日本企業は、この環境変化を機会として一層業績を伸ばす企業と、柔軟な対応ができず危機に瀕する企業に分化しつつある。また、多くの製造業は従来から掲げてきた雇用の維持という金科玉条を廃し、大規模な人員削減を実施するようになった。これによる失業の増大が、従来は同質的で安定的であった日本の社会構造を変化させていくだろう。

我が国の金融業界においては、より顕著な環境変化が見られる。1980年代において実施された日本版金融ビッグバン以降、段階的に進行した規制緩和、そしてバブル経済の崩壊と、それ以降の政策判断の誤りによって累積した不良債権は、金融機関のみならず我が国経済にも莫大なダメージを与えていった。

10年前までは安泰と思われていた北海道拓殖銀行、日本長期信用銀行、日本債券信用銀行、山一證券、千代田生命、東邦生命、大成火災海上保険など、数多くの大手金融機関が破綻に見舞われた。また現在でも金融機関の破綻の噂は後を絶たない。残った金融機関は、この厳しい環境のなかでの生存を確かなものにするため、系列を超えた再編を実施し、みずほファイナンシャルグループ、三菱東京フィナンシャルグループ、三井住友銀行、UFJといった

金融グループが誕生した。

　また規制産業にも市場原理の波が押し寄せている。電力産業は、産業基盤、生活基盤の形成のために電力の安定供給が求められるという公益性と、事業に内在する規模の経済性の観点から、参入規制によって小売供給に関する地域独占が認められ、かつ料金規制によって投下資産に対してその資本コストに見合う一定の投資収益率（事業報酬率）が保証されていた。ただし、事業報酬率を上回る収益は需要家に還元された。

　しかし、日本の電力料金は国際的にみて高いという批判から、規制当局は、電力産業に市場原理を導入することで生産性の向上をはかる方向に政策転換しつつある。その過程で、2000年3月に電力需要の約3分の1を占める特別高圧需要家への電力販売が自由化され、電力料金も届出制に変更された。またさらなる自由化や、既存電力会社が保有する送配電網の利用に伴う託送料の引き下げも検討されている。

　一般的に自由化は、既存電力会社にとって脅威と考えられているが、見方を変えれば、従来は認められなかった超過利潤（資本コストを上回る利潤）を得る機会を獲得することでもある。

　米国に本拠を置く公益企業、エンロン社は、電力・ガスの供給事業に加えて、金融工学を駆使したトレーディング収益を重視したビジネスで名をはせていた。トレーディングは自由化されたエネルギー業界における大きな収益源と考えられている。同社は、日本で発電事業を展開する計画を表明し、電力市場の自由化に関する会議のスポンサーシップをとるなど、日本での自由化推進の尖兵となっていた。しかし、エンロン社は、リスク管理の失敗から、2001年11月に破綻した。これは1998年8月に起きた、ノーベル経済学賞を受賞した学者たちを擁し、金融工学のドリームチームといわれたLTCM（Long Term Capital Management）の破綻を思い起こさせる。

　医薬産業でも規制緩和の影響は大きい。過去、日本で販売する医療用医薬品（医師が処方する医薬品）に関しては、日本国内で臨床試験を実施し、規制当局の認可を得る必要があった。これは外国製薬企業が、日本市場で自社販売するための大きな障壁となっていた。

日本の製薬企業は、自社で開発した薬剤はもちろんのこと、外国製薬企業が開発した新薬に関しても、日本で臨床試験を実施し、日本市場でライセンス販売することで利益を上げることができた。しかし、ICH（International Conference on Harmonization）によって、臨床試験に関する国際的な調和が推進され、1998年から米国や欧州で臨床試験を通過した薬剤は、比較的簡便な手続きによって日本国内で販売することが可能になった。これによって、外国製薬企業の日本での自販（自前のチャネルによる販売）が促され、多くの外国製薬企業が自販化を進めている。

　現在、日本の市場で最も多くのMR（Medical Representative）を抱える医薬企業は、外資系のファイザー製薬である。また、代表的な外国製薬企業は、高騰する研究開発投資を賄うために統合をすすめ、かつ多くのバイオベンチャー企業との提携ネットワークを有している。それらとの競合が激化することは、現在は比較的安定した収益を上げている日本の製薬企業の収益基盤を大きく揺るがすことが予測され、研究開発力の強化や業界の再編の機運が高まっている。

　また、薬価（患者に処方される薬剤の価格）は規制当局によって設定されているが、日本の経済成長が低迷するなか、高齢化などによって医療費は増大し続け、その負担が限界に達しつつある。そこから医療費の抑制政策がとられ、薬価に関してもその引き下げが常に政策課題となっており、製薬企業にとっては、販売価格の低下圧力が強まっている。

ネットワーク社会の進展

　情報技術、バイオテクノロジー、ナノテクノロジーなど、多くの領域において科学技術の進展は著しい。それらは様々な産業の製品・サービスはもちろんのこと、ビジネスプロセスそのものを変革し、個別企業の競争優位性を変化させてきた。

　現在進行中の技術革新で、非常に広範な産業に大きな影響を与えているのは、インターネットの登場と、情報通信の技術革新である。これらによって、

個人や企業の活動が、情報通信ネットワークを経由して、あるいは情報通信ネットワーク内に形成された仮想空間で行われるようになってきた。ここでは、このような現実社会の活動を補完・代替し、全体として新しい社会経済活動が実現している社会をネットワーク社会と呼ぶ。

ネットワーク社会では、情報通信ネットワークの高度利用によって距離と時間の制約が取り払われ、コミュニケーションの構造も階層型ではなく、フラットなネットワーク型になる。ネットワーク社会の進展は、産業構造や人々の生活様式を変化させ、消費者の行動様式、企業と顧客の関係、企業の形態に大きな変革をもたらすばかりでなく、既存の社会秩序の再構築を迫るまでになってきた。

消費者にとって、商品に関連する情報収集、価格の比較、発注、そして決済という消費行動の多くの局面で、ネットワークを利用する機会が提供されるようになった。また、音楽、画像、ゲームのソフトウェアのように、製品・サービス自体がデジタル化された情報によって成り立つ場合、その提供自体もネットワークによって行われることが可能となる。こうした、いわゆるＢ２Ｃのｅビジネスが進展することは間違いないだろう。

だが、想定が難しいのは、その進展速度である。家庭へのパーソナル・コンピュータ（PC）の普及率、主要な顧客層におけるPCの利用度、ブロードバンド・ネットワーク接続にかかるコストと普及率などが、ネットワーク経由の消費行動の進展速度に大きな影響を与えるのである。

また、消費者行動は、必ずしも経済的合理性のみによって決定されるものではなく、社会心理が与える影響もきわめて大きい。したがって、今後10年以内の特定時点における、ネットワーク上での消費行動の進展度については不確実性が高い。さらに、この進展が与える影響は、産業によって大きく異なると考えられる。

いま、バーチャルなコミュニティが大きな広がりを見せているのは、ゲームの世界である。「東風荘」というインターネット上の麻雀対戦サイトがある。そのサイトにアクセスすることで、他の参加者とリアルタイムで麻雀が楽しめ、他者の対戦を観戦することもできる。娯楽の多様化によって、リア

ルな世界では、愛好者を減少させ、斜陽といわれる麻雀であるが、この東風荘では1000卓強ある仮想卓が、毎日午後8時から午前2時までは満卓となり、観戦者を含めて7000人弱が参加するコミュニティを形成している。

インターネットを利用した教育（eラーニング）は、企業向けおよび個人向けの双方で、急成長が期待されている市場である。ただしその市場規模に関しては、大きく異なる複数の予測があり、また市場が本格的に立ち上がる時期や成長のスピードに関しても、同様に不確実性が高い。

この事業を実施するために必要となるケイパビリティ（組織能力）は、コンテンツ、サービス、テクノロジーの3つの領域にまたがっている。コンテンツをもつのは教育機関、学習塾、出版社などであり、サービスとテクノロジーに関するケイパビリティをもつのは情報通信事業を行う企業である。彼らは、独自に、あるいは提携して、この市場に参入しており、競争の激化が予想されている。

企業にとって、顧客を理解することはこれまでと同様に重要で、それはネットワーク社会が進展しようとしまいと、変わりはない。理想は、個々の顧客が何を望んでいるのかを知ることである。企業がそのニーズを充足すれば、より大きな顧客価値が提供され、企業の利潤も増大する。

数年前までは、そのためのコストは非常に大きく、実践は困難だった。しかし、情報技術の進展がその状況を変えた。いまや多くの企業が、個々の顧客に対するCRM（顧客関係性管理）を、実現しつつある。さらに、ネットワーク上での消費行動が進展した社会は、企業と顧客とのより密接なコミュニケーションを、より低コストで実施することを可能にするだろう。

こうしたネットワーク社会の進展は、企業の形態にも大きな変革をもたらす。企業は組織であることはいうまでもない。組織の意義は、構成員が個別に働く場合の単純合計を上回る価値を生み出すことにある。これを組織シナジーと呼ぶが、その創出のためには分業と協働が必要になる。

分業は、各構成員の適性や能力に応じた業務分担によって専門化が進み、知識や技能の集積を可能とする。分業化された各機能は、目的達成に向けて協働することが生産性向上の条件となる。ところが、分業の進展に伴って、

各機能が自己の関心を過度に追求し、協働が困難になる場合や、協働を支えるコミュニケーションのための時間とコストが増大する場合がある。このように、分業の追求と協働の容易さとは相反関係にあり、両者のバランスが組織全体の生産性を左右する。これは、経済社会における、企業単位での分業と協働の検討にも敷衍できる。それも、分業による生産性向上と協働の容易さとのバランスのうえで決定されている。

製造業を例にとろう。マーケティング、製品企画開発、部品調達、製造、販売物流、販売という機能、また、それらを支援する企画、人事、経理、財務という機能がある。このように、ある産業内の製品・サービスの原材料が調達され市場で販売されるまでの流れを、もれなく、かつ重複なく機能分類したフレームワークを、バリューチェーンと呼ぶ。これは、ハーバード大学経営大学院の教授であるマイケル・E・ポーターによって提唱されたものである。

過去、多くの企業は、基本的にバリューチェーンの機能のすべて、ないしはほとんどを、自社または自社グループ内で保有してきた。自社向けの部品製造機能は部品メーカーから調達していたが、その部品メーカーも系列化され、実質的には自社グループと同義であった。各機能の協働のためには、効率的かつ十分なコミュニケーションと、それを支える情報流通が必要となるが、それらを構築し維持するには、各機能を同一の企業に取り込んでおく必要があったのである。さらなる企業間分業により、実現できたかも知れない各機能別の生産性向上は犠牲になっていたが、協働できるメリットのほうが大きかった。

その後、情報技術の段階的発達によって、コミュニケーションツールの能力が向上し、物流機能のような、比較的定型化された情報流通でこと足りる機能が、より効率の高い専門企業にアウトソーシングされていった。しかし、密接なコミュニケーションが必要な機能については、たとえ、それが自社にとっては中核（コア）でなく、外部により効率的な企業があっても、自社グループ内に囲い込んでおく必要があった。

いま、ネットワーク社会の進展が企業間コミュニケーションに大変革をも

たらしている。従来、企業は自社グループ内で情報システムを構築してきたが、そのなかでの情報流通は固有の通信規約（プロトコル）によっており、外部との接続性に限界があった。しかしインターネット・プロトコル（IP）による通信規約の標準化と、業務プロセスと基幹情報システムの標準化が、外部とのコミュニケーション能力を飛躍的に増大させた。この環境下では、企業は自社にとってのコア機能に資源を集中し、それ以外の機能は外部に求めるようになっている。

そして、各機能にフォーカスした企業が、バリューチェーン上でコミュニティを形成し、顧客に価値を提供するようになっている。このコミュニティにおけるコミュニケーションは、コミュニティを超えて共通のプロトコルによる。したがって、外部とのコミュニケーションが可能であり、参入や退出は頻繁に起こる。

こうした企業形態の変化によって、バリューチェーンの機能レベルまで市場原理が浸透し、より多くの段階での市場価格の変動や、競争と優勝劣敗による収益格差が発生するようになる[1]。

地球環境の保全

産業革命時のロンドンでは、大気は灰塵にまみれ河川も汚染されていたという。また日本が高度成長をとげた1950〜60年代においても、大気や河川の汚染が社会問題となった。これらは地域レベルでの環境悪化によってそこに居住する人々の健康が脅威にさらされるという、いわゆる公害問題である。

人類には生存本能があるので、自己あるいは子孫の生存を脅かすものは排除しようとする。公害は、限定された地域で把握され、健康に悪影響を受けた被害者と、その原因となった汚染物質を排出した加害者の特定が容易であり、かつその因果関係を確認するための期間は比較的短くてすんだ。したがって、環境を改善するための取り組みは比較的実施しやすかった。こうした環境改善への努力によって、先進国では地域環境は回復しつつある。ただし新興産業地域では、過去に先進国がたどった道と同様に、急激な産業化に付

随した公害の発生が見られる。

　現在、地球上の多くの地域が産業化を果たしたことにより、環境汚染は広域化し、地球レベルまでに広がってきている。これを地球環境問題と呼ぶ。地球環境問題は公害とは異なり、汚染が発生する地域は全地球規模に及び、被害者と加害者は特定の主体に限定できず、その因果関係も複雑である。また環境汚染の影響はゆっくりとした速度で現れ、不可逆性も強く、直ちに改善することは困難である。

　その代表例が地球温暖化問題である。産業革命以降に始まった化石燃料の大量消費は、第2次世界大戦以降の石油消費の急激な拡大と産業化地域の広がりによって加速された。この結果、メタンや二酸化炭素のような温暖化ガスが大気中に大量蓄積されることになり、現在でも増加を続けている。また、伐採による森林面積の減少は地球規模で進行しており、最大の酸素供給源である熱帯地方の常緑樹林は減少しつつある。

　現在、地球の平均気温は上昇しつつあり、このまま温暖化ガスが増加し続けた場合、平均気温はさらに上昇するという試算が複数の機関から発表されている。

　そして、温暖化の影響による異常気象や砂漠化の進行、海面の上昇による居住・耕作可能面積の縮小といった事態の悪化が懸念されている。こうした課題に取り組むため、1997年に地球温暖化防止京都会議（COP3）が開かれ、そこで決議された京都議定書では、先進国に対する二酸化炭素の排出削減目標や、二酸化炭素の排出権取引の枠組みが定められた。しかし、それが発効されるための運用ルールの合意過程において、最大の排出国である米国が、経済への悪影響への懸念から京都議定書から離脱するという混乱が見られた。その後、米国は独自の二酸化炭素排出抑制案を打ち出している。

　2001年の地球温暖化防止ボン会議では、米国参加の可能性を残す形で、途上国、EUそして日本で包括案の合意に至った。その過程で、EUが強く推進してきた罰則規定導入が見送られたことから、その実効性には疑問が残るものの、世界は二酸化炭素の排出規制にまた一歩踏み出した。

　これによって、北欧やオランダで導入されている炭素税が他の地域でも適

用される可能性や、業界や企業への排出量割当といった規制が実施される可能性は高まった。また、排出権取引のための市場も生まれつつある。日本でも、その導入が議論されているが、経済成長に悪影響を与えるという懸念もあり、その実施スケジュールは確定していない。

地球環境問題には、温暖化以外にも、オゾン層の破壊や、環境ホルモン、PCB、ダイオキシンといった化学物質蓄積問題などもある。環境中にすでに蓄積された汚染物質を浄化することは、現在の技術では困難であることと、今後、巨大な人口を抱える中国やインドが産業化を進展させていったとき、さらに汚染物質の蓄積が進むことが懸念されている。

こうした事態を避けるために、循環型社会の実現に向け、リサイクルを促進する規制が広がっている。日本では、テレビや冷蔵庫などのリサイクルをメーカーに義務づけた家電リサイクル法など、一連のリサイクル法が2001年4月に施行された。2002年度からは個人が所有するコンピュータの回収とリサイクルが導入される予定であり、さらに2004年度からは自動車のリサイクルも始まる見通しである。

また当局による規制だけでなく、消費者の環境保全意識も高まりつつあり、企業や商品の環境保全性は、製品・サービスの購買動機のひとつを構成するようになった。現在までは環境保全性の重視によって、品質低下や価格上昇が見られた場合、消費者は離反してきたが、消費者の購買動機における環境保全性の優先度は、年々高まりつつあることは否定できない。

企業の地球環境保全重視の潮流に対する対応は、大きく4つに類型化される。図表2-1でマトリクスの横軸は、現在その企業が行っている活動の、環境負荷の程度と、それが規制対象や社会からの批判対象になる可能性を合成した、現在の事業活動の環境リスクである。縦軸は、その企業が環境保全に貢献する施策を実施した場合に、顧客がそれに付加価値を認め対価を支払う可能性、すなわち環境保全策の市場性をとっている。

マトリクスの第1象限に位置する企業は、特に環境保全を意識する必要はない。第2象限に位置する企業は、環境リスクが高まっており、それを回避する施策を講じる必要がある。第3象限に入る企業は、自社の顧客または潜

図表2-1 ●環境戦略ポジショニング・マトリクス

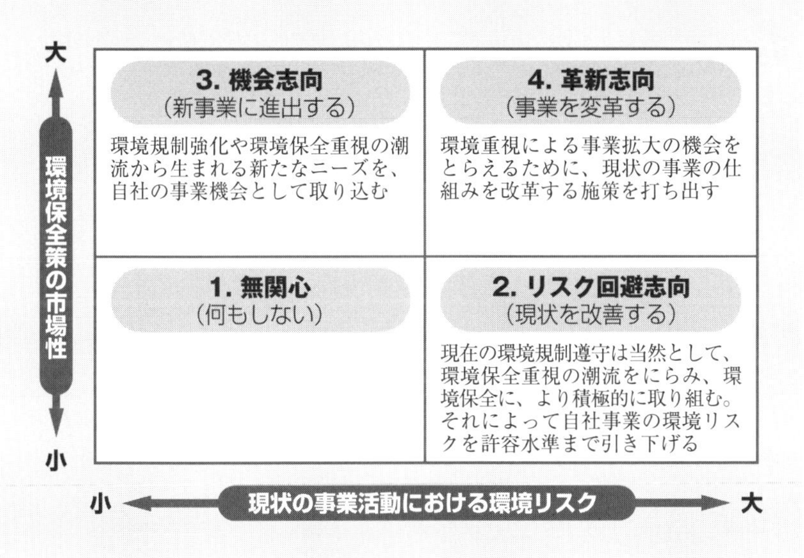

環境保全策の市場性：大 ↕ 小
現状の事業活動における環境リスク：小 ↔ 大

3. 機会志向（新事業に進出する）
環境規制強化や環境保全重視の潮流から生まれる新たなニーズを、自社の事業機会として取り込む

4. 革新志向（事業を変革する）
環境重視による事業拡大の機会をとらえるために、現状の事業の仕組みを改革する施策を打ち出す

1. 無関心（何もしない）

2. リスク回避志向（現状を改善する）
現在の環境規制遵守は当然として、環境保全重視の潮流をにらみ、環境保全に、より積極的に取り組む。それによって自社事業の環境リスクを許容水準まで引き下げる

在顧客に対して、環境保全に貢献する製品・サービスを提供することに事業機会が見出される。最後に第4象限の企業は、自社の事業の環境リスクを回避するだけではなく、自社の製品・サービスが顧客に提供される過程の環境保全性が、顧客の購買動機に訴求する。したがって、積極的に事業構造を環境保全型に変革し、それによる競争優位の獲得を志向する。

環境保全重視の潮流により、多くの産業で、事業活動の環境リスクと、環境保全策の市場性は増大している。今後、革新志向の環境保全策を採用する企業が増加するであろう。

2 産業バリューチェーン分析

　事業環境とは、自社が事業を営む産業において、自社を取り巻く利害関係者の動向の総体をさす。利害関係者とは、顧客、競合他社、顧客および競合他社を含む総体としての市場、ビジネスパートナー、規制当局、新規参入者、投資家などをいう。シナリオ・プランニングでは通常、事業環境変化と自社の行動とを区分して考える。そして、自社の行動は戦略としてとらえ、事業環境には含めない。

　ここで問題となるのは、自社の行動によって事業環境が変化するという、相互作用の取り扱いである。寡占状態の市場においては、主要プレイヤーの戦略の多くは、顧客や競合他社の動向（すなわち事業環境）に大きな変化を与える。このような場合には、シナリオとしてとらえる事業環境と自社の戦略との間の相互作用について、特別な検討を加える必要がでてくる。それには、第6章第3節で解説するゲーム理論による分析が、多くの示唆を与えてくれる。

　通常、バリューチェーンとは、ある産業内で製品・サービスの原材料が調達され市場で販売されるまでの流れ、いわゆるフルフィルメント過程を示すものである。また、製品・サービスに関する基礎研究から製品化までの流れや、事業インフラの形成の流れを示すディベロップメント過程を含むことも多く、さらに、支援活動として間接機能を含むこともある。バリューチェーンは、対象産業における付加価値のつき方、主要成功要因（CSF：Critical Success Factor＝事業成功のために重要となる要因）、自社の強み、弱みを分析するために有効なフレームワークである。

シナリオ・プランニングではこのバリューチェーンを、分析対象産業の川上と川下に拡張した産業バリューチェーンを作成する。そして、まずは産業バリューチェーンにおける各機能の成功要因を把握する。原則として、川上とは主要な原材料が一次産品として調達される段階まで、川下とは最終消費者に販売されるまでをいう。

　ただし、それらすべてを分析することが、煩雑な割には大きな意味をもたない場合も多い。例えば、鉄鋼のような素材産業や、製造機械のような産業財については、その川下で数多くの産業と連関しているので、そのすべてのバリューチェーンを詳細に検討するのではなく、主要な産業だけに限定するとか、川下産業における環境変化が、当該産業に与える影響を分析するにとどめることになる。ともあれ、産業連関の川下や川上における環境変化が、自社の事業環境に大きな影響を与えることがあり、それらを認識し分析しておくことが必要となる。

　例えば、電力企業にとっての産業バリューチェーンについて検討してみよう。川上に関しては石油産業について分析する。本来は原子力燃料やLNG（液化天然ガス）産業についても実施する必要があるが、ここでは省略する。

　この産業バリューチェーンの機能は、原油採掘、石油輸送、石油精製、石油購買、発電、送変電、配電、そして販売となる。これは原材料を調達し付加価値をつけて販売するフルフィルメント過程についてのみ記述したものである。ここに、油田探索、油田開発、電源開発（発電設備の形成）、送変電設備形成といったディベロップメント過程を加えて表現することもできる。

　販売の相手先は、一般消費者と各産業の企業となる。一般消費者向け販売に関するバリューチェーンはここで終了するが、企業向け販売に関しては、それ以降は各産業のバリューチェーンと連関することになる。ただし、電力の販売先は全産業にわたり、これらをバリューチェーンとして分析するのはあまりに煩雑である。したがって、総体としての産業用・事業用電力需要動向、あるいはそれを適切な区分でセグメンテーションを行って、各セグメントにおける電力需要動向としてとらえ、バリューチェーンは販売で終わりにする。このバリューチェーンの各機能における成功要因を示せば、図表2-2

のようになろう。

図表2-2●電力の産業バリューチェーン

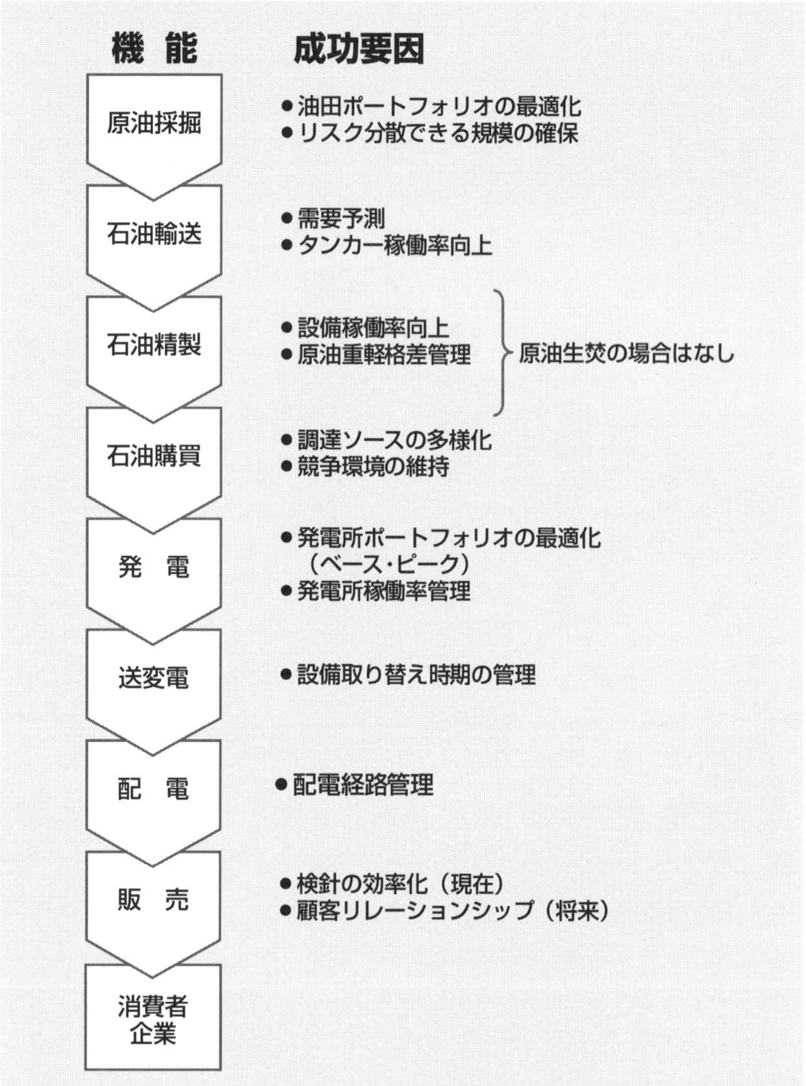

機 能	成功要因
原油採掘	●油田ポートフォリオの最適化 ●リスク分散できる規模の確保
石油輸送	●需要予測 ●タンカー稼働率向上
石油精製	●設備稼働率向上 ●原油重軽格差管理　　}原油生焚の場合はなし
石油購買	●調達ソースの多様化 ●競争環境の維持
発 電	●発電所ポートフォリオの最適化 　（ベース・ピーク） ●発電所稼働率管理
送変電	●設備取り替え時期の管理
配 電	●配電経路管理
販 売	●検針の効率化（現在） ●顧客リレーションシップ（将来）
消費者 企業	

3

マクロ環境分析

　産業バリューチェーンを把握したら、それに影響を与えるマクロ的な環境変化要因を抽出する。先に述べた事業環境変化の深層潮流はこの代表例であり、多くの産業バリューチェーンに影響を与え、各機能の主要成功要因を変化させている。

　マクロ的環境変化要因を抽出するためには、PESTというフレームワークがある。その利用によって、マクロ的環境変化要因の抽出もれを防止できる。ここでは、多くの産業に影響を及ぼしてきた、または現在進行中であるマクロ的環境変化要因の例を取り上げながら、PESTのフレームワークを解説する。

P（政治的環境変化要因）

　PはPoliticalの頭文字である。政治的な環境変化要因としては、国際政治動向の変化、マクロ経済政策の変更、産業規制の変化、税制の変更、そして環境規制の強化などがあげられる。企業活動がグローバルになり、各国の市場が統合されつつある現代では、国際的な政治動向は大きな環境変化要因である。繊維、電子機器、そして自動車産業における米国との貿易摩擦の歴史、また近年では中国からの輸入品に対する規制問題など、貿易規制は古くて新しい問題である。

　1990年代以降、中国政府は市場経済の導入を推し進めてきた。米国クリントン政権は、親中政策をとり、米国系企業は急激な成長をとげる中国市場において存在感を高めた。その後も中国は世界経済における重要性をますます

増大させ、2001年12月にはWTO（世界貿易機関）に正式に加盟した。この中国における経済開放と市場経済の導入にしたがって、その安価な労働力を外国企業が活用する機会が広がった。現在でも、日本企業の製造機能の中国への移転は、さらに加速している。

我が国の製造業にとっては、中国を生産拠点としていかに活用できるかが、競争力を左右する重要な要因となった。また、製品・サービス市場としても中国市場の重要性は高いが、この面では、日本企業は、欧米企業に遅れをとっている。

政府の財政・金融政策の変更は、マクロ経済に影響を与え、様々な形で企業活動に影響を与える。例えば、公共投資の動向は我が国の土木建設産業の市場規模を大きく左右してきた。また、特定の産業に関連する政策変更、具体的には補助金や税務上の特別措置による支援、参入規制、価格規制、兼業の禁止、あるいは独占禁止規制の変化は、その対象となる産業に属する企業の事業環境、関連する産業の事業環境に大きな変化をもたらす。

先に述べた日本の電力産業では、自由化による事業環境の不確実性増大を受けて、投資計画の見直しを進め、電力設備への投資は大幅に減少している。その結果、日本の重電市場は縮小している。

税制も、関連する業界に大きな影響を与える。1980年代前半におきた焼酎ブームは、焼酎にかかる酒税が、ビールやウイスキーなどに比べて低く、その分、低価格で消費者に提供可能であったことが原因のひとつである。しかし、1989年と94年の酒税改正によって、そのメリットは削がれ、焼酎の消費量は一時的に落ち込んだ。また、ビール市場では、アサヒビールがスーパードライのヒットによって、キリンを追い抜き、首位の座に立った。キリンは、スーパードライを好む顧客層をターゲットにし、ビールに対して酒税が低く、より低価格で提供できる発泡酒の麒麟淡麗を発売することで、ビールと発泡酒を合計してみた市場では、2000年度までは首位を維持してきた。

2001年2月、アサヒはスーパードライとのカニバリゼーションを覚悟のうえで、同じく発泡酒である本生を発売しキリンに対抗、とうとう2001年度にビール・発泡酒合計市場でもトップシェアを獲得した。そのなかで、政府税

調は、発泡酒の税率引き上げを検討することになった。結局は見送られたが、仮に実施された場合、発泡酒の魅力は削がれ、両者の競争関係に大きな影響を与えたであろう。

環境保全重視の潮流に伴って、関連する規制も強化されてきた。米国カリフォルニア州における自動車の排気ガス規制は、自動車メーカーの競争力を変化させてきた。1970年に改正されたマスキー法は、当時としては世界一厳格な排気ガス規制であった。それに対しホンダは、CVCCエンジンの開発によっていち早く規制をクリアした。その結果ホンダは、米国、そして日本の乗用車市場でシェアを伸ばした。

また2003年に施行されるゼロエミッション規制は、同州内で一定数量以上を販売をするメーカーに対し、全台数の1割以上をゼロエミッション車（電気自動車のような排出ガスゼロの自動車）とするよう義務づけている。この規制は、燃料電池を搭載した自動車の実用化のきっかけになる。水素を酸素と化合させて発電する燃料電池の排出物は水だけで、従来の内燃機関に比べて環境負荷は非常に小さい。

E（経済的環境変化要因）

EはEconomicの頭文字であり、経済的環境変化要因を表す。経済的要因としては、各国の経済動向、特定産業における市場規模の動向、為替相場の変動、金利の変動、エネルギーや素材価格の変動、特定の大規模プロジェクトの動向などがあげられる。

日本では小売市場は成熟し、1990年代から続く景気の低迷によって、百貨店やスーパーマーケットの売上高の前年同月割れがよく見られるようになった。そのなかで小売企業の優勝劣敗が明らかになっている。長崎屋、そごう、マイカルが倒産し、ダイエーも経営危機からの再建途上にある。そして西友は、ウォルマートの出資を受け入れることになった。

原油価格の変動は、第1次・第2次石油危機を通じて、多くの産業に大きな影響を与えてきた。また近年では、シリコン・サイクルと呼ばれる半導体

需要の変動が、半導体メーカーや半導体製造装置メーカーの業績に影響を及ぼす。

製品・サービス市場のみならず、資本市場の変化も、企業の行動様式を変える。日本では、1980年代に大量のエクイティ・ファイナンスが行われ、その多くを引き受けたのは銀行や事業会社であった。その結果、以前からあった株式の持ち合い構造は一層強化された。持ち合い構造下にある企業は、株主に対するリターンをそれほど意識する必要はなかった。しかし、1990年代における経済成長の鈍化によって、もともと低水準であった多くの日本企業の資本効率は一層低下し、持ち合い株式の保有を維持する余裕を失った。以降の約10年間、持ち合い株式の解消売りが継続し、その間、日本株を買い越してきたのが、積極的に投資先企業の経営に関与するスタンスをとる外国人投資家である。そして、株主へのリターンを意識した経営が日本企業にも浸透することになった。

為替相場の変動は、日本の輸出産業の国際競争力に大きな影響を与えてきた。1985年のプラザ合意以降の円高傾向によって、我が国の輸出産業とその裾野にある関連部品産業は、海外への製造機能の移転を加速させた。

大規模プロジェクトの例としては、サハリン天然ガス開発計画があげられる。これはパイプラインで新潟および東京まで天然ガスを供給するサハリン1プロジェクトと、サハリンにLNG（液化天然ガス）基地を置き、そこからタンカーで輸送するサハリン2プロジェクトに分かれている。

サハリン1は伊藤忠商事、丸紅、石油資源開発、エクソン・モービルなどからなる国際コンソーシアムが推進しており、2008年に操業予定である。パイプライン敷設計画は30年近く前からあったが、2001年にようやく本格的に始動した。

サハリン2は三菱商事、三井物産、ロイヤルダッチ・シェルが中心となって推進し、2006年に操業予定である。

ただしこの計画どおりに進行するか否かは不確定要素が大きい。特にサハリン1の場合は、日本のパイプライン建設コストの高さと、漁業補償費の支払いという障害があり、それを乗り越えることができるかどうかは依然不透

明である。

　電力産業の重要成功要因に、燃料の安定調達をあげることができるが、北海油田に匹敵するといわれる天然ガス埋蔵量をもつサハリンが開発された場合、それをいかに活用するかが各社の成功を左右する。

S（社会的環境変化要因）

　SはSociologicalの頭文字である。社会的環境変化要因としては、人口動態の変化、社会的意識の変化、世論の動向、災害の発生、疫病の流行などがあげられる。

　世界の人口は急速に増大しつつある。相当大きな災害、疫病の流行などがない限り、この人口増に関する不確実性は小さい。他方先進国においては、出生率の低下によって人口の伸び悩みと高齢化が進んでいる。

　日本では特にそれが顕著である。1997年に国立社会保障・人口問題研究所が公表した「日本の将来推計人口」によれば、2008年から人口は減少に転じ、2015年には、65歳以上の高齢者の割合が25％を超えることが予測されている。これは、積極的な移民の受け入れといったような政策変更がない限り不確実性は低く、P．F．ドラッカーの言葉を借りれば、「すでに起こった未来」といえる。

　ただし、人口動態自体の不確実性よりも、それがもたらす変化、例えば、地域社会の変化、消費者の嗜好の変化に着目する必要がある。これらに関する変化の速度やとりうる状態の不確実性は高い。

　また、環境変化の深層潮流のひとつに、グローバル市場原理の浸透があげられるが、それに対するアンチテーゼもある。2001年9月11日に発生した米国での同時多発テロ事件の根底には、グローバリゼーションによる文化の融合、見方を変えれば他地域の文化の侵食への反発や、市場原理の浸透による貧富の差の拡大に対する憤りがある。この事件によってのみ、グローバル市場原理の潮流が止まるわけではないが、グローバリゼーション、資本主義、市場原理が絶対的に正しく、人々を幸福に導くとは限らないのである。

それらにも課題は多く、世界の人々は多様な価値観をもちうる。民族主義、反資本主義、反自由主義な思想が興隆している地域や、その動向に関する関心を失ってはならない。特に中東地域や中国大陸の動向には注意が必要である。
　他にも深層潮流が生み出す、「進歩・発展」に対するアンチテーゼがある。産業化の進展や技術の進歩によって、人間が、自然に直接対峙する局面が減少したが、それに対抗するかのように自然志向やアウトドア志向が高まり、関連市場を生み出してきた。インターネット上のバーチャルなコミュニティが浸透した場合も同様で、バーチャルなコミュニケーションへのアンチテーゼとしてリアルな世界での活動への関心も高まることになろう。
　一方、環境保全への関心の高まりは、人類の生存本能の拡張と考えることができる。前述したように、地球環境問題は被害者と加害者が特定の主体に限定できず、汚染の影響はゆっくりとした速度で現れるので、その関心はなかなか高まってこなかったが、環境汚染の影響が顕在化するにつれて、環境保全への意識が高まることは間違いない。これは多くの産業における成功要因を変化させることになる。

T（技術的環境変化要因）

　TはTechnologicalの頭文字である。技術革新は関連する業界に変化をもたらし、それが画期的なものであればあるほど、与える影響は大きい。前述したインターネットの登場と情報技術革新は、ほとんどすべての産業と、我々の社会的意識にも大きな変化をもたらした。他にも、バイオテクノロジー、ナノテクノロジー、超伝導技術といった基礎技術の革新は、多くの産業に影響を与えることになろう。
　文部科学省が2001年7月に発表した「第7回技術予測調査」によれば、重要度の高い技術は、生命関連分野と環境関連分野、そして情報関連分野の3つである。生命関連では、再生医療技術や、ゲノム解読によって可能となる個人の体質に合ったテーラーメイド医療への関心が高まっている。環境関連ではゼロエミッション技術が、情報関連ではセキュリティの高いネットワー

クシステムの開発や、半導体の集積度を飛躍的に向上させる技術が注目されている。これらは今後10〜15年の時間軸で実現すると予測されている。

燃料電池の開発と、情報技術と輸送システムを融合させたITS（Intelligent Transport System）技術は、自動車産業に大きな影響を与える。日本の経済産業省は、2010年度に燃料電池車の5万台の普及を目標にし、自動車メーカーや石油会社とともに実証実験に着手した。世界の主要自動車メーカーは2004年頃の実用化を目指して競争・提携し、燃料電池車の開発を急いでいる。この技術力が近未来の自動車産業の重要成功要因となろう。

ITSとは、最先端の情報通信技術を用いて人と道路と車両とを情報ネットワークで結ぶことにより、交通事故、渋滞などといった道路交通問題の解決を目指した、新しい交通システムである。国土交通省のITS構想では、2010年頃にITSは道路交通ならびに交通全体にかかわる基本的なシステムとして普及し、交通事故による死亡者数の大幅な減少、渋滞の緩和、業務交通量の低減により、沿道環境、地球環境の改善の実現を指向している。これが実現した場合、自動車産業のみならず、情報通信産業などの多くの産業に大変革をもたらすことになろう。

燃料電池の実用化は、電力産業を変える可能性ももっている。現在の電力は一部を除き、大規模な発電所から送配電ネットワークを経由して供給されることを基本としている。燃料電池は、小規模事業者や家庭用のオンサイト電源設備としての実用化も期待されており、これが普及すると現在の電力事業のパラダイムを変えることになる。ゼネラル・モーターズ（GM）は燃料電池による一般家庭やオフィス向けの発電システム開発に目処が立ったことを発表、早ければ2003年にも商品化する計画である。またトヨタ自動車も同分野への参入を表明している。

コンテンツの開発技術、受配信技術、そしてインターフェース技術の進展は、教育産業やエンターテインメント産業を一変させることになろう。家庭におけるエンターテインメントにおいても、受動的に鑑賞するだけであったテレビ番組や音楽CDから、各個人のニーズに合致、かつ積極的に参加できるインタラクティブ性をもったコンテンツが、大容量の回線を通じて提供さ

れるようになりつつある。家庭にある端末も、インタラクティブ性に合わせて、音声や動作を感知し、それらによって操作可能なものに進化していくだろう。

　こうした時代には、自宅に居ながらにしてテーマパークを体験したり、外国を旅行したり、映画で提供される状況設定に入り込み、登場人物として振る舞うことができるようになる。すでに、こうしたエンターテインメントの萌芽が、家庭用ゲームの世界でみられ、それが本格的にネットワークに乗ることで、さらに画期的なエンターテインメントが提供されることになろう。

4 産業バリューチェーンへの影響分析と事業環境の不確実性分析

　PESTの4つの切り口からマクロ的な環境変化要因を抽出したら、それらが自社に関連する産業バリューチェーンの主要成功要因（CSF）に与える影響を検討し、産業バリューチェーンの各機能における変化要因を導く必要がある。

　自社が属する産業に関連する環境変化については、経営者や企画スタッフは十分に把握しているので、この分析は遠回りのように思えるかもしれない。しかし、実のところ、業界常識にとらわれ本質を見誤っている場合や、因果関係に関する誤解がある場合もある。したがって、従来もっていた先入観は一旦ゼロにリセットして、産業構造とマクロ的環境変化の分析から、自社にとっての環境変化要因を抽出することは十分意味のあることである。

　次に、産業バリューチェーンから自社の事業に該当する部分を切り出し、自社にとっての事業環境変化要因を抽出する。このようにして、マクロ的環境変化要因と、産業バリューチェーンにおける変化要因とを、自社にとっての事業環境変化要因に集約していくのである。

　ここでは、5つの力（ファイブフォーシス）というフレームワークを適用する。5つの力はそれぞれ、新規参入の脅威、既存競合企業同士の競争、代替製品・サービスの脅威、顧客の交渉力、供給業者の交渉力である。これは、マイケル・E・ポーター教授が業界の収益構造を分析するためのツールとて提唱したもので、産業における5つの力の現状と将来の変化に着目し、自社にとっての事業環境変化の意味合いを見出すために有効なフレームワークである（図表2-3参照）[2]。

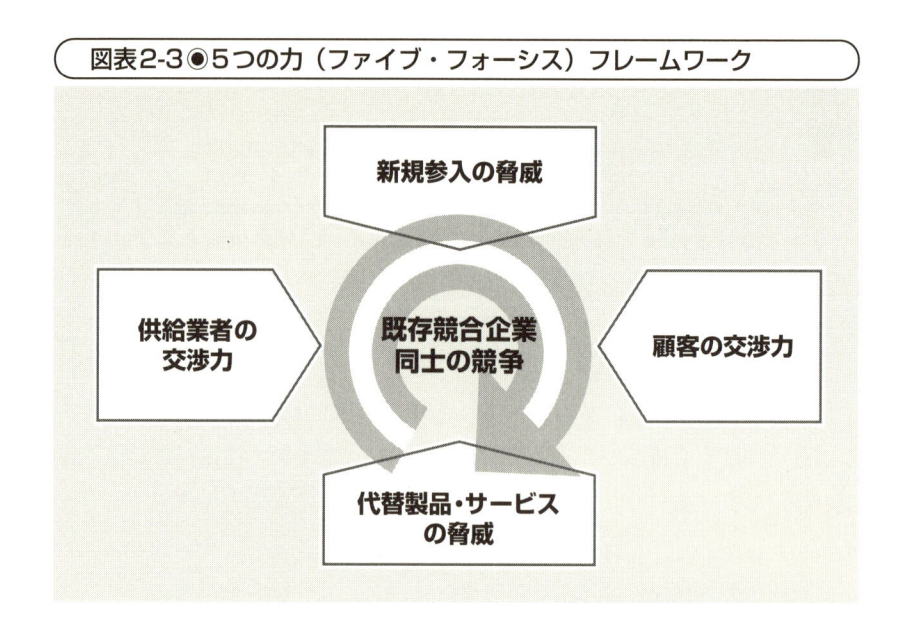

図表2-3●5つの力（ファイブ・フォーシス）フレームワーク

- 新規参入の脅威
- 供給業者の交渉力
- 既存競合企業同士の競争
- 顧客の交渉力
- 代替製品・サービスの脅威

新規参入の脅威

　一般に、ある産業分野には、そこで事業を行い十分な収益性を得るための能力を有する企業のみが参加できる。それが当該産業への参入の条件であり、それを満たさない企業にとっては参入を阻む障壁に、すでに参入した企業にとっては新規参入を防ぐ障壁となる。また規制当局によって、当該産業への参入が規制されている場合もある。これらが参入障壁である。

　高成長や高収益の産業分野があったとして、当該産業への参入障壁が高い場合、収益性は維持されやすく、逆に参入障壁が低い場合には、数多くの企業がそこに参入し、競合が激化することで、当該産業の平均的収益性は低下する。新規参入の脅威は、この参入障壁の高さに依存するのである。

　空気清浄機事業を行っていたカンキョーの例を検討してみる。同社は家庭用の空気清浄機を開発、その市場を創造し注目を集めたベンチャー企業であった。しかし、大手家電メーカーから見れば、同種の製品の開発は容易なことであった。さらに、生産工程の効率や、販売チャネルのカバレッジ、そし

て企業ブランドの浸透度においては、カンキョーにはるかに勝っていたのである。すなわち、大手家電メーカーにとって、家庭用空気清浄機事業に対する参入障壁は非常に低かったわけである。彼らはこの市場に参入し、カンキョーは競争に敗北、1998年に倒産した。

シナリオ・プランニングでは、自社の属する産業分野の参入障壁を構成する要因とその高さを把握したのち、マクロ的環境変化や川上および川下産業における環境変化が、参入障壁に与える影響を吟味する。そして、自社にとっての新規参入の脅威が変化するか否かを検討する。

既存競合企業同士の敵対

ある産業内で、競合企業同士が、価格引き下げ、広告拡大、新製品投入サイクルの短縮、顧客サービス拡大などにおいて、激しく敵対的な競争を繰り広げている場合には、それらの企業の収益性は低下し、業界内の他企業の収益性にも悪影響を与える。マイケル・E・ポーターによれば、敵対は次のような要因の存在や、その相互作用によって激しくなる。

* 競合企業の数が多い。
* 競合企業の規模が類似しており、ライバル意識が強い。
* 競争企業が多様でゲームのルールが定まらない。
* 競合企業は他産業で収益をあげており、当該産業の短期的収益性を犠牲にできる。
* 市場が成熟し、売上を伸ばすためにはシェアの向上が必須となる。
* 生産能力の拡大によるコスト低減効果が大きい。
* 固定費が高いコスト構造をもち、その回収のために生産販売量の拡大を指向する。
* 製品における差別化が欠如している。
* 撤退障壁が高い。

1980年代前半の我が国のオートバイ市場におけるホンダとヤマハ発動機の新製品発売競争、いわゆるHY戦争はこの典型例であった。両社の競争によってオートバイ業界の平均的収益性は低下し、この戦争を仕掛けたヤマハ発動機は、戦略の見直しを余儀なくされ、これを終結させたのである。

　シナリオ・プランニングでは、マクロ的環境変化や当フレームワークにおける他の「4つの力」の変化が、上記の要因に与える影響を吟味し、この敵対関係の切り口から見た自社にとっての環境変化要因、すなわち競合企業の打ち手の変化を抽出する。

　ひとつの産業内で競合企業の数が多い場合は、同じくポーターの提唱する戦略グループの概念を適用し、各企業を彼らが採用する戦略によって分類し、グルーピングする。そして各戦略グループの打ち手の変化について検討するのである。戦略グループの概念については、第4章第4節で、より詳細に説明する。

代替製品・サービスの脅威

　代替製品・サービスとは、自社の提供する製品・サービスと同種類ではないものの、広い意味で競合関係にある製品・サービスのことをいう。自社および競合他社が、原材料価格の高騰などの理由で製品価格を引き上げた場合に、顧客は代替品の使用に切り替えることがある。すると、自社と競合他社は、代替製品・サービスによって、上限価格設定に制約が加えられることになる。

　例えば、電力産業とガス産業の関係、自動車や住宅、そして書籍における新本市場と中古市場の関係などがあげられる。また、この意味をもっと広くとらえた場合には、音楽CDなどと携帯電話との関係をあげることができる。10代後半を中心とした若年層を主なターゲットにした音楽CDが、以前に比べ売れなくなったのは、彼らの小遣いの大部分が携帯電話の通話料に費やされ、音楽CDの購入に回らなくなったことが原因といわれている。

　シナリオ・プランニングでは、マクロ的環境変化要因、および川上・川下

産業の環境変化による、代替製品・サービスの変化について検討し、自社にとっての環境変化要因を抽出する。このとき最も重要になってくるのが、PESTフレームワークのT（技術的環境変化要因）である。技術革新によって、自社の提供する製品・サービスに対して優位性をもつ代替品が登場した場合は、大きな脅威となろう。例えば、電力業界にとっての燃料電池技術の実用化は、その可能性を秘めている。

顧客の交渉力、および供給業者の交渉力

　顧客は、製品・サービスを提供する企業に、価格の引き下げや、質の向上を求める力をもつ。この力を顧客の交渉力という。また同種の製品・サービスを提供する競合企業同士を競争させることで、交渉力を強めることができる。他方、供給先は製品・サービスの価格の引き上げや、質の低下、および供給の停止によって、彼らの製品・サービスを購入する企業に影響を及ぼす力をもつ。この力を供給業者の交渉力という。

　これら2つの力の大きさは、産業内における既存企業同士の敵対の大きさとの相互作用を通じて、産業全体の収益性に大きな影響を与えるものである。また、2つの業界間の製品・サービスの取引について見れば、この2つの力は裏腹の関係にある。したがって、この2つの力に影響を与える要因は同じものになり、その程度によって、顧客と供給業者のどちらの交渉力が強くなるかが決まる。

　以下にあげる要因が、自社と顧客との関係においてはどうなっているのか、また、自社と供給業者との関係においてはどうなっているのかを検討し、シナリオ構築へのインプットとする。

＊業界内企業の集中度：どちらかの業界が少数の企業に支配され、相手の業界よりも集中が進んでいる場合には、集中の進んだ業界の交渉力が強くなることが多い。
＊業界内競争の程度：ある業界において、競合企業同士の敵対が激しいと

きには、当該業界の顧客の交渉力は強くなる。
* 川上統合・川下統合の可能性：ある企業が、自社のバリューチェーンの川上にある業界内の企業を統合するか、自社で進出できる能力をもつ場合は、供給業者の交渉力は弱くなることが多い。また川下にある業界内の企業を統合するか、自社で進出できる能力をもつ場合は、その企業の顧客の交渉力は弱くなる可能性がある。
* 製品・サービスの差別化の程度：ある業界内の競合企業が顧客に向けた製品・サービスが差別化されていない場合は、その業界の顧客の交渉力は強くなる。
* スイッチングコスト：企業ないし消費者にとって、製品・サービスの購入先（供給業者）の変更にコストがかかる場合、そのコストが大きいほど、供給業者の交渉力は大きくなる。
* 情報の非対称性：製品・サービスの売り手と買い手の間で、当該製品・サービスに関する情報の不均衡（情報の非対称性）がある場合、情報優位に立つ側の交渉力は強くなる。

シナリオ・プランニングでは、マクロ的環境変化要因や川上・川下産業の環境変化の、上記要因への影響を検討し、自社にとっての環境変化要因を抽出する。

マクロ的環境変化要因が、顧客の交渉力と供給業者の交渉力を変化させ、産業の収益性を変化させる事例として、ブランド価値と、ネットワーク社会の進展の影響について検討してみる。

中古車の品質は、同年式の同一車種でもバラツキが大きい。一般的に取引される中古車の品質に関して、売り手は買い手に対して情報優位に立つ。

G．A．アカロフはこの中古車市場を例にとって、情報の非対称性が存在することで、市場が効率的な資源配分に失敗する、または市場自体が成立しなくなる可能性があることを論じた[3]。買い手は取引される中古車の品質の評価ができないと仮定すると、その価格は市場に出回る中古車の平均的な品質を勘案して決定されることになる。そうなった場合、平均を上回る品質の

中古車の売り手は市場から退出するだろう。すると、ますます平均品質が低下するとともに価格は下落し、品質が高い順に売り手は中古車市場から退出していくことになる。このような市場は、「レモン（欠陥車の意味）の市場」と呼ばれる。

　この課題に関しては2つの解決法がある。1つは売り手の「評判」の確立である。多くの市場では、取引はスポット的なものではなく、継続して行われる。情報の非対称性が存在することは、買い手にとっては不利であるが、他方で、平均的品質を上回る製品・サービスを販売しようとする売り手にとっても、低価格での販売を余儀なくされたり、販売機会を失ったりするという問題がある。そこで、売り手は継続的な取引の過程で、良質の製品の提供者であるという評判を確立し買い手の信頼を獲得しようとする。

　この意味での「評判」は、「企業ブランド」の価値の一部を構成するものである。評判のよい企業、つまり企業ブランド価値の高い企業は、高い価格設定が可能になる。したがって、売り手はよい評判を確立し、企業ブランド価値を形成するために投資するインセンティブをもつ。

　もう1つはシグナリングで、これは、取引される製品・サービスの品質に関する情報を、買い手に対し、彼らが信用できる形で伝達することである。品質保証の付与などがこれに該当する。

　我が国の中古車市場では、個人間の直接売買は少なく、中古車業者による仲介が大部分を占めている。中古車業者は、車両をユーザーから買い上げ、マージンをのせて別のユーザーに販売する。このビジネスの成功要因は、中古車業者が、中古車の品質評価と市況を反映させた買い取り価格および販売価格の設定能力、すなわち査定能力をもつことと、その能力をユーザーが信用していることである。これが中古車業者の付加価値の主要な源泉になっている。

　中古車販売事業で成功した企業は、店舗を広域に展開することで、ユーザーに継続的な取引を実施するというメッセージを伝え、走行距離メーターの改竄や事故車を通常車両と偽って販売するような不正行為は実施しないことを表明し、実際に継続的に良心的な取引を行っていくことで、評判を確立し

てきた。また中古車に一定期間の品質保証を付している企業も多い。

　1990年代に起きた、業者間のオートオークションの隆盛、買い取り専門店の台頭が、中古車事業の収益構造を変えた。また、新車販売台数の減少に悩む新車ディーラーは、中古車事業への取り組みを本格化させており、競争は厳しくなっている。

　そしてインターネット上での中古車情報提供や売買サイトの登場によって、保有車両の中古車業者の買い取り価格や、中古車の販売価格に関するユーザーの情報の検索範囲は大きく広がった。これにより、ユーザーは、市況を把握し価格設定に反映させる能力をもつことになる。中古車業者にとっては、査定能力の一部がユーザーに移転することを意味しており、マージンの圧縮要因になる。

　ただし、ユーザーが中古車を購入するとき、中古車の品質に関する情報の非対称性は、依然として存在する。ユーザーは、店舗に出向き現車を吟味し、さらにできる限り情報を収集してから、購入か否かの意思決定をすることが多い。しかし、現車を見ることなく、インターネット上で売買が行われるとしたら、情報の非対称性は、より大きなものになる。

　インターネットを通じた売買が広がり、市場がネットワーク上で形成されるようになると、情報の非対称性が消滅する可能性があると指摘されていた。しかし、この世界でも製品・サービスの品質に関する情報の非対称性は解消されないか、場合によっては増大する。

　インターネット上のオークション市場などでは、参加者の匿名性によって、取引相手の「評判」をもって製品・サービスの質や信用を判断することが困難であり、市場成立の障害となることが指摘されている。

　ただし、ネットワーク社会での「評判」については、様々な見解がある。ネット市場では、現物や店や従業員を実際に見ることなく売買が行われるので、「評判＝企業ブランド」の効果は大きく、その価値も大きくなるという考え方がある。この説によれば、信頼感を確立した中古車業者がもつ企業ブランドの価値は高まり、収益性も高まる可能性がある。他方でネット市場では「評判」は形成されないという意見もある。自社の取引、特に販売取引が

ネット上に移行する可能性のある企業は、ネットワーク社会の進展に合わせて、市場取引がどう変化していくのか、その動向を注視する必要がある。

5 シナリオの展望期間（タイムホライゾン）の設定

　従来型の戦略策定においては、この5つの力の動向、つまり、事業環境変化はある程度展望可能であるという前提に立っていた。しかし現代では、増大する不確実性によって、多くの産業で展望性が損なわれている。この状況下で、単一の事業環境を想定して戦略を策定することの有効性は失われており、危険でさえある。

　したがって、シナリオ・プランニングでは、将来の事業環境について単一の展望ではなく、ある振れ幅をもつ状態、または異なった複数の状態として展望し、大きな不確実性を前提としたうえで、それらに適応するための戦略を策定するものである。

　このときに、何年先までの事業環境を想定すればよいのだろうか。その将来を想定する期間をシナリオの展望期間（タイムホライゾン）という。展望期間は、自社が検討する戦略施策に着手してからその成果が判明するまでの期間によって決定されるものである。この展望期間は、事業の特質によって異なるし、自社が検討している戦略案件の範囲によっても異なってくる。

　長期的な視点から、自社のビジョンの見直しや事業ドメインの再定義について検討する場合を考えてみる。この場合、ビジョンの見直しやドメインの変更が成果をあげたか否かが判明するのは、将来の事業環境の輪郭が見えてくる時点である。したがってこの場合、環境変化要因の帰結がある程度明らかになる時点における事業環境を想定する。重要な環境変化要因に直面し、戦略の見直しを強いられている場合も同様である。

　一方、具体的な課題、例えば大規模な投資案件の意思決定のためにシナリ

オ・プランニングを活用する場合は、その投資のライフサイクルに合わせてシナリオの展望期間を設定することになる。ただし、そのライフサイクルがあまりにも長く、ある幅をもって想定することさえ困難な期間をとることはできない。

　展望期間を長くとるべき産業の代表例としては電力産業があげられる。電力産業においては、発電設備への投資は戦略的にきわめて重要な投資となるが、その投資決定から運転開始までには、火力発電設備の場合は約6年、原子力発電設備の場合は約10年の期間を要する。そして運転開始後も10年以上の期間をかけて投資が回収されていくものである。

　参入規制が継続していれば、その投資資金は確実な収益とともに回収される見通しが立つが、自由化が進展した場合には、将来、運転開始する時点での電力需要と競合関係により、場合によっては回収が困難となり、自社の収益性に大きな影響を及ぼす場合も出てくる。

　一方で、環境変化要因の概要が判明する期間を見てみると、自由化のさらなる進展や、異業種や外国からの新規参入、燃料電池によるオンサイト発電の増大といった変化要因の帰結は、今後十数年程度の期間でほぼ明らかになると考えられる。またさらに遠い未来、例えば30年後となると、現在からは想像もつかない新たな環境変化要因が生まれてくる可能性が高く、ある幅をもって想定することさえも困難となる。

　したがって電力産業の場合、現在計画されている発電設備が運転を開始し、環境変化要因の帰結がほぼ判明するであろう、十数年の展望期間をとって検討することになる。つまり十数年後の電力事業環境について複数のシナリオを策定するのである。それが現在から見て、12年後であれ、15年後であれ、シナリオ・プランニングがもたらす結果に実質的な違いはない。現時点から直後3年間の違いは大きいが、10年以上先の未来における3年程度の違いについて、こだわる必要はない。

　自社の方向性を定め、達成目標と、それを実現するための具体的な施策を記述したものが、中期経営計画と呼ばれる。一般的な製造業や小売業では、この中期経営計画で想定される期間は3〜5年である。この3〜5年という

期間は、シナリオ・プランニングにおける展望期間と同様に、戦略施策を実行しその成果が判明するまでの期間と、事業環境の展望可能性をふまえて設定されていることが多い。したがって、自社の中期経営計画策定期間は、シナリオ展望期間を検討するときの参考になりうる。

6 シナリオ・ドライバーの抽出と関係分析

　前節では、産業バリューチェーンによる産業構造と成功要因の把握、PESTによるマクロ的環境変化要因の把握、そして5つの力のフレームワークを利用して、自社にとっての環境変化要因を把握するという分析方法を説明した。

　次にこれらの環境変化要因について、シナリオ・ドライバー（シナリオのテーマとする重要不確実要因）への絞り込みと因果関係・相互作用の分析を実施する。

シナリオ・ドライバーへの絞り込み

　自社にとっての環境変化要因のすべてを、シナリオ・プランニングで取り扱うわけではない。それらをシナリオ・ドライバーに絞り込んでいく。絞り込みの基準は、環境変化要因のもつ不確実性と、自社への影響度である。

　ここでいう不確実性には、環境変化要因の発生自体に関する不確実性と、環境変化要因の発生後の状態に関する不確実性の2つがある（図表2-4）。図の①の、シナリオのタイムホライゾンのなかにおいて発生しないと予測された要因は、当然、シナリオでは取り上げない。②-a の発生すると予測された環境変化要因のうち、発生後の事業環境が明らかなものは、不確実性が小さいということである。このような要因はシナリオ・ドライバーとしてではなく、すべてのシナリオに反映させる要因（シナリオ背景要因）の候補とする。

　②-b の発生すると予測された要因で、発生後の事業環境が複数の異なる状態、大きな幅をもった状態をとりうるもの、すなわち発生後の状態に関する

図表2-4●環境変化要因の不確実性による絞り込み

	a. 発生後の状態が明らかである	b. 発生後の状態が不確実である
①タイムホライゾンのなかで発生しない	**不確実性 小** シナリオでは取り上げない	
②タイムホライゾンのなかで発生する	**不確実性 小** シナリオ背景要因の候補とする	**不確実性 大** シナリオ・ドライバー候補とする
③タイムホライゾンのなかで発生するか、しないか、不明	**不確実性 大** シナリオ・ドライバー候補とする	

不確実性が高いものは、シナリオ・ドライバーの候補となる。

最後に③の発生するかしないかわからない要因は、シナリオ・ドライバーの候補となる。

不確実性によって絞り込まれたシナリオ・ドライバー候補を、さらに、自社への影響によって絞り込んでいく（図表2-5）。

自社への影響が大きい要因とは、その発生によって、または発生後の状態によって、自社の企業価値が大きく変動する要因である。シナリオ・プランニングにおける企業価値分析に関しては、第5章第1節で解説する。

企業価値は、将来の売上高、売上高収益率、資産効率、事業および財務リスクという構成要素（バリュー・ドライバー）に分解できる。また、バリュー・ドライバーが1単位変化したときの企業価値に与える影響度、すなわち要因の重要度は、産業やビジネスモデルによって異なってくる。

この段階では、精密な企業価値分析を実施する必要はなく、シナリオ・ドライバー候補のもつ不確実性が、どのバリュー・ドライバーに、どの程度インパクトを与えるかを、大まかに検討する。重要なバリュー・ドライバーに

図表2-5 ● シナリオ・ドライバーの絞り込み

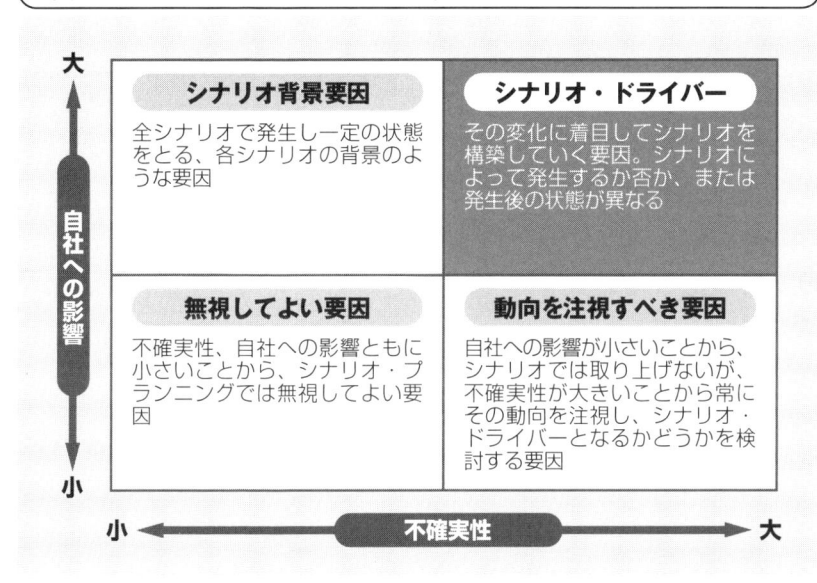

	不確実性 小	不確実性 大
自社への影響 大	**シナリオ背景要因** 全シナリオで発生し一定の状態をとる、各シナリオの背景のような要因	**シナリオ・ドライバー** その変化に着目してシナリオを構築していく要因。シナリオによって発生するか否か、または発生後の状態が異なる
自社への影響 小	**無視してよい要因** 不確実性、自社への影響ともに小さいことから、シナリオ・プランニングでは無視してよい要因	**動向を注視すべき要因** 自社への影響が小さいことから、シナリオでは取り上げないが、不確実性が大きいことから常にその動向を注視し、シナリオ・ドライバーとなるかどうかを検討する要因

影響する要因が、自社に与える影響度が高くなることはいうまでもない。

シナリオ・ドライバーの数

ここで、シナリオ・ドライバーの数にも留意する必要がある。シナリオ・ドライバーの数が多いと、それだけシナリオの数も増え、複雑性が増大する。例えば4つの相互に独立しているシナリオ・ドライバーがあり、それぞれが、帰結として2状態をとりうるとした場合、将来の事業環境のパターンは2の4乗で16通りとなる。

意思決定を行うのは人間であるので、複雑なシナリオは、事業環境変化の本質に対する理解を妨げ、結局は役に立たないものになってしまう。したがって、シナリオ・ドライバーを本当に重要なものに限定するとともに、この後で述べる因果関係や連動性の分析によって、その数を集約していくことが必要になってくる。シナリオ・ドライバーの数は、2ないし3つであるこ

とが望ましい。

因果関係の分析

　因果関係とは、ある不確実要因の帰結が、他の不確実要因の帰結に影響を与えることをいう。この因果関係と、各要因が自社の業績に影響を与えるまでの過程を把握することで、シナリオ・ドライバーを集約することができる。

　図表2-6に示したように、ある素材メーカーは、シナリオ・ドライバーとして、「地球環境保全意識の高まり」、「二酸化炭素排出規制の導入」そして「グリーンコンシューマの台頭」について検討しているとしよう。

図表2-6●シナリオ・ドライバーの因果関係

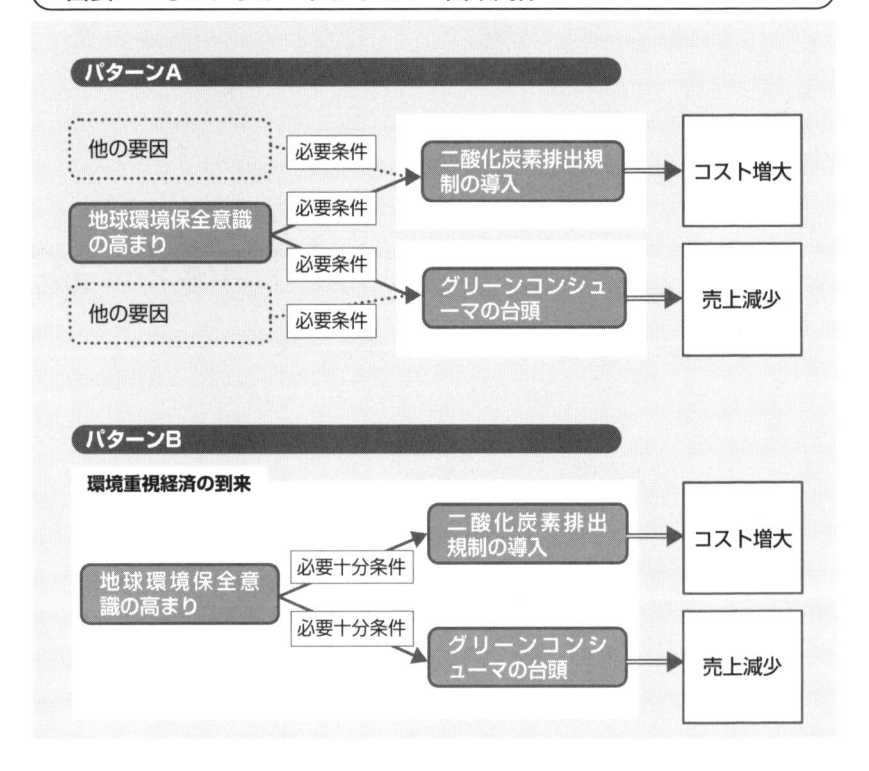

パターンA

他の要因 —必要条件→ 二酸化炭素排出規制の導入 → コスト増大
地球環境保全意識の高まり —必要条件→ 二酸化炭素排出規制の導入
地球環境保全意識の高まり —必要条件→ グリーンコンシューマの台頭 → 売上減少
他の要因 —必要条件→ グリーンコンシューマの台頭

パターンB

環境重視経済の到来

地球環境保全意識の高まり —必要十分条件→ 二酸化炭素排出規制の導入 → コスト増大
地球環境保全意識の高まり —必要十分条件→ グリーンコンシューマの台頭 → 売上減少

グリーンコンシューマとは、製品・サービスの環境保全性を重視する消費者のことである。このなかのパターンAでは、「地球環境保全意識の高まり」は、「二酸化炭素排出規制の導入」と「グリーンコンシューマの台頭」を通じて、自社のコスト増大や売上減少をもたらす。またそれは両者が発生するための必要条件となっている。この場合、シナリオ・ドライバーは「二酸化炭素排出規制の導入」と「グリーンコンシューマの台頭」の2つに集約可能であり、「地球環境保全意識の高まり」は、その両者の発生にいたる過程として検討すればよい。

もう1つのパターンBでは、「地球環境保全意識の高まり」は、「二酸化炭素排出規制の導入」や「グリーンコンシューマの台頭」の必要十分条件となっており、環境保全意識が高まれば、残りの2つのドライバーが必ず発生することになる。

この場合、これらの3つは、1つのシナリオ・ドライバー「環境重視経済の到来」に集約できる。厳密に考えると、この例においては必要十分条件が成立しないかもしれない。しかし、事業環境変化の本質を理解するためには、主要なドライバー間で必要十分条件が成立することを仮定して、シナリオ・ドライバーの数を絞り込んだほうがよい。この例では、パターンAであっても、他の要因を捨象して、パターンBのような関係であると割り切って考えるのである。

連動性の分析

パターンBについて見方を変えて検討してみる。ここで、「二酸化炭素排出規制の導入」と「グリーンコンシューマの台頭」は、ともに「地球環境保全意識の高まり」を必要十分条件としている。したがって「二酸化炭素の排出規制の導入」が発生する場合は、必ず「グリーンコンシューマの台頭」が発生する。それ以外は、両方とも発生しない場合のみである。したがって、この2つのドライバーの帰結は完全に連動するので、1つに集約することができる。

因果関係の場合と同様に、厳密に考えると完全に連動する要因は少ないが、ある程度見出せる場合は、完全な連動が成立すると仮定して、シナリオ・ドライバーの数を絞り込んだほうがよい。

相互作用の分析

相互作用とは、複数のドライバーの状態が相互に影響し合うことである。相互作用を把握することは、複数のシナリオ・ドライバーを組み合わせてシナリオを構築するときに、有効な情報を与えてくれる。例えば、ある都市ガス会社が、シナリオ・ドライバーとして「二酸化炭素排出規制の導入」と「燃料電池によるオンサイト発電の普及」について検討しているとしよう（図表2-7）。

燃料電池によるオンサイト発電は、発電量あたりの二酸化炭素排出量が少ないとすると、二酸化炭素の排出規制の導入によってその普及が促進される可能性は高い。また燃料電池によるオンサイト発電が普及しつつある状況にあれば、規制当局にとっては二酸化炭素排出規制の導入によって、経済状況が悪化するリスクが低減されることになり、当規制の導入を促進すると考えることもできる。

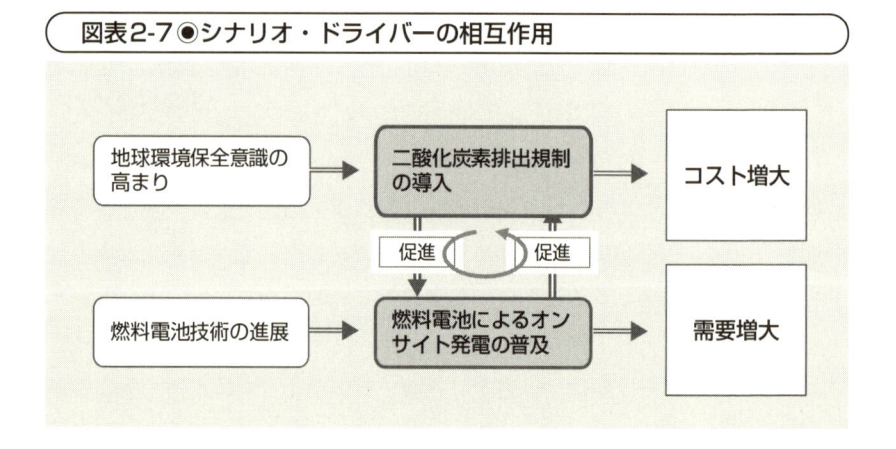

図表2-7●シナリオ・ドライバーの相互作用

地球環境保全意識の高まり → 二酸化炭素排出規制の導入 → コスト増大

燃料電池技術の進展 → 燃料電池によるオンサイト発電の普及 → 需要増大

（二酸化炭素排出規制の導入 ⇄ 燃料電池によるオンサイト発電の普及：促進／促進）

7 シナリオの構築

前節までのタスクによってシナリオ・ドライバーが抽出・集約され、相互作用が明らかになった。これから、いよいよシナリオの構築に入る。繰り返すが、本書で解説する実践的シナリオ・プランニングのシナリオとは、市場や重要な利害関係者の動向といった、自社にとっての外部環境について記述するものである。自社が採用する戦略については、別途検討することに留意してほしい。

シナリオの構築は、シナリオ・ドライバーの変化の構造についてモデリン

図表2-8 ● シナリオ・ドライバーの分類

	離散的シナリオ・ドライバー	連続的シナリオ・ドライバー
イメージ	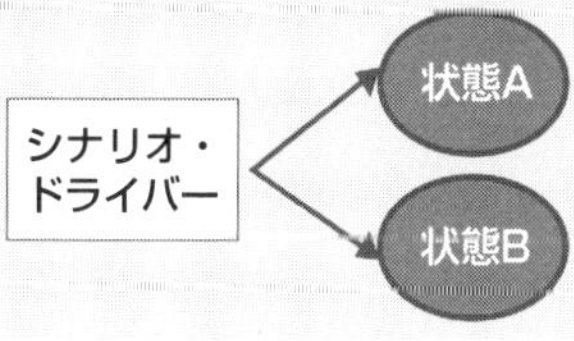 シナリオ・ドライバー → 状態A／状態B	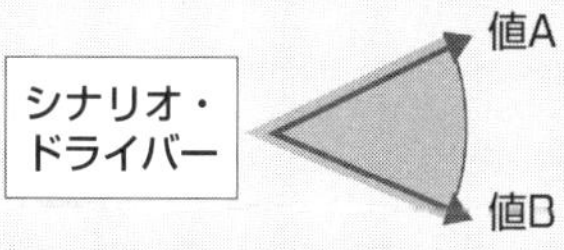 シナリオ・ドライバー → 値A〜値B
概要	シナリオ・ドライバー帰結は、複数の異なった状態のうち、どれかになると予測できる	シナリオ・ドライバーの帰結は、ある要因に関する値が取りうる幅として予測できる
例示	●規制緩和の有無 ●技術革新の実現の有無 ●競合他社の打ち手(参入する／しない)	●経済成長率の変化 ●為替レートの変化 ●需要の変化

グすることから始める。このモデルをシナリオ論理モデルと呼ぶ。シナリオ論理モデルの構築にあたって、シナリオ・ドライバーの帰結が判明する時期の設定と、シナリオ・ドライバーの帰結状態を定義する必要がある。帰結が判明する時期は、通常、タイムホライゾンのなかに設定する。帰結状態の定義にあたっては、シナリオ・ドライバーを離散的不確実性をもつものと、連続的不確実性をもつものの2種類に分類する（図表2-8）。

シナリオ・ドライバーの分類ととりうる状態の想定

　分析対象とする産業において、特定の利害関係者の動向によって左右され、事業環境に断続的な変化をもたらすシナリオ・ドライバーは、タイムホライゾンのなかで、ある出来事（イベント）が発生するか、発生しないかという離散的なものとして取り扱うことが適当である。

　この例としては、当局による規制の変更、競合他社の戦略の変更、新規参入者の動向、技術革新の影響の有無などをあげることができる。それぞれの状態において、関連する重要な指標の値を定義しておく必要がある。

　一方で、特定の利害関係者の動向からではなく、様々な要因が絡み合い、それらがひとつの指標に集約されるシナリオ・ドライバーに関しては、ある幅をもった連続的ものとして取り扱う。

　この例としては、経済成長率の変化、為替レートの変更、および需要の変化などがある。

　これらのシナリオ・ドライバーに関しては、タイムホライゾンのなかでこれらの要因がとりうる幅を定義する。ただし、その要因の値によって、自社の戦略を変化させることを想定する場合は、連続した値のなかから、代表的な値を複数個選定して、離散的なものとするほうが扱いやすい。一方、連続的なシナリオ・ドライバーとすると、その値を連続的に変化させることで、自社に与える影響をシミュレートする場面で有効となる。

　実務上、あるシナリオ・ドライバーを離散的と定義するか、連続的と定義するかは、工夫を要するところである。ここではシナリオを、本質的に異な

った未来を記述するものとすることに留意する。

　連続的シナリオ・ドライバーについて、変動幅のなかで小刻みにサンプルケースを作成すると、それだけシナリオの数は多くなる。例えば、新規事業における対象市場成長率をシナリオ・ドライバーとし、それは今後5年間で年率0〜20％の変動幅をもつとしよう。ここで0％、5％、10％、15％、20％と5％刻みで、サンプルケースをとってシナリオを作成することに意味があるだろうか。成長率5％のシナリオと10％のシナリオとの間に本質的な違いはあるのだろうか。

　このような場合は、市場規模が成長しないケース（年率0％で5年間でも0％）と、5年後に市場規模が倍になるケース（年率15％で5年間成長すると約2倍）の2つのパターンで検討すれば、市場が立ち上がらないケースと、急成長するケースという本質的に異なる状態をカバーすることができると思われる。

　また、シナリオ・プランニングを実施する目的に立ち返り、当該シナリオ・ドライバーの変化の意味合いを検討して決定すべきである。

　例えば、前出の都市ガス会社が、中期経営計画策定のためのシナリオ・プランニングにおいて、「燃料電池によるオンサイト発電の普及」に関して検討しているとしよう。この帰結は、離散的に、普及する／普及しないという形で設定することができる。

　しかし、普及する場合に、その普及率は特定の値ではなく、10〜30％（仮の値である）のような連続の幅をもった値として予測されることが多い。この場合は、この都市ガス会社にとって、燃料電池によるオンサイト発電が普及したら、普及率が10％であろうと30％であろうと、事業環境に大きな影響を及ぼすことに違いはない（もちろん普及率が高くなるほど影響は大きい）。また、このシナリオ・プランニングの目的は中期経営計画の策定である。したがって、普及しない（普及率0％）、普及する（普及率20％）という2つの状態で設定しても、十分に目的にかなうものになろう。普及率の幅に関しては、燃料電池対応戦略の策定において、詳細に検討すればよい。

　また、ある電子機器メーカーが、中期経営計画策定のためのシナリオ・プ

ランニングにおいて、「為替レートの中期的動向」について検討しているとしよう。為替レートは、性質的には幅をもった連続的な不確実性をもつ要因であるが、この場合は、現状水準、円高、円安のように離散的に取り扱い、それぞれの状態に対処した戦略を検討することになろう。

本来は連続的なシナリオ・ドライバーについて、離散的な値を設定してシナリオを構築した場合、その連続的な変化による影響について、感度分析を行うことで、自社に与える影響を判定できる。感度分析については、第3章第4節のファイナンシャルモデルおよび第6章第1節の企業価値分析で解説する。

シナリオ論理モデルの構築

シナリオ・ドライバーを組み合わせ、シナリオ論理モデルを作成する。シナリオ論理モデルは、外部環境の変化パターンに応じた自社の戦略を策定するためのものであり、基本的には、離散的シナリオ・ドライバーを組み合わせて構築する。

連続的シナリオ・ドライバーの帰結については、変動幅のなかからサンプルとするケースを抽出し、それらについてシナリオを作成する方法と、あくまでも連続変数として取り扱い、各シナリオのなかで、その変化が自社に与える影響をシミュレーションする方法がある。

シナリオ論理モデルの表現方法として、ツリー型とマトリクス型の2つがある。

ツリー型表記は、各シナリオ・ドライバーの帰結を分岐で表現し、それらを時系列順に並べて、シナリオのパターンを説明するものである。時間軸にそってシナリオ・ドライバーの変化をたどるためには有効な表記方法である。また、第6章第2節で説明するディシジョンツリー分析におけるイベントツリーと同様の形式であり、シナリオ・プランニングにディシジョンツリー分析を組み合わせて実施する場合には、必須となる。

マトリクス型表記は、各シナリオ・ドライバーについて、その帰結を表現

7 シナリオの構築

図表2-9 ●シナリオ論理モデル

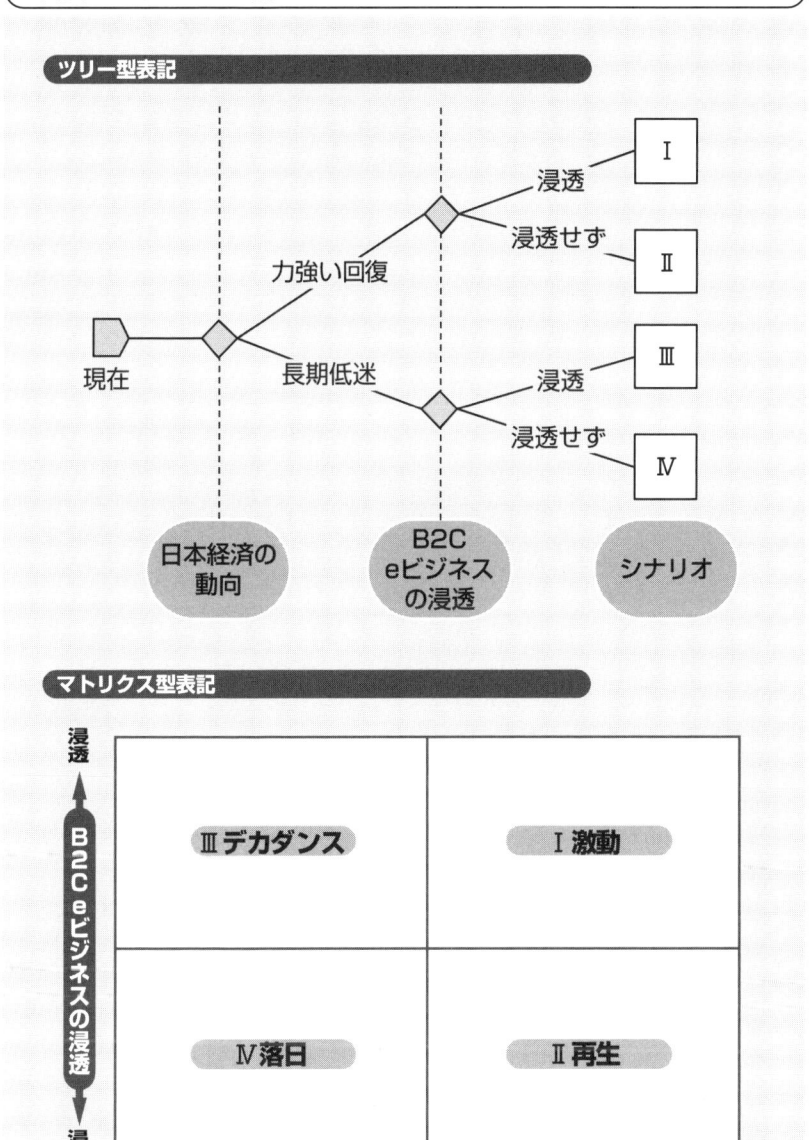

ツリー型表記

現在 →
- 力強い回復
  - 浸透 → Ⅰ
  - 浸透せず → Ⅱ
- 長期低迷
  - 浸透 → Ⅲ
  - 浸透せず → Ⅳ

分岐軸:日本経済の動向／B2C eビジネスの浸透／シナリオ

マトリクス型表記

縦軸:B2C eビジネスの浸透(浸透 ↑ / 浸透せず ↓)
横軸:日本経済の動向(長期低迷 ← / 力強い回復 →)

	長期低迷	力強い回復
浸透	Ⅲ デカダンス	Ⅰ 激動
浸透せず	Ⅳ 落日	Ⅱ 再生

する軸をとり、それらを組み合わせてシナリオのパターンを説明する方法である。各シナリオの意味合いを一覧的に理解しやすいという特長がある。

　例えば、ある小売企業が、中期的な成長戦略策定のためにシナリオ・プランニングを実施しており、シナリオ・ドライバーとして、「日本経済の動向」と「Ｂ２Ｃ　ｅビジネスの進展」とが抽出されたとする。この場合のシナリオ論理モデルは、図表2-9のようになる。

シナリオの構築

　シナリオの構築の最終段階として、ツリー型モデルの各末端、あるいはマトリクス型モデルの各象限について、その場合の将来の事業環境であるシナリオを記述していく。シナリオは本質的に異なる複数の未来について作成するものであるので、似たような意味合いをもつシナリオを複数構築する必要はない。

　シナリオは、将来の事業環境について箇条書きにまとめたものである。シナリオ・ドライバーの帰結、それをもたらす出来事（イベント）の内容、その発生時期、重要な利害関係者の動向を簡潔にまとめる。

　利害関係者とは、顧客、競合他社、供給者、規制当局、社会、株主、従業員などであるが、そのなかでも特に、顧客、競合他社の動向については必ず記述される必要がある。その他の利害関係者に関しては、当該シナリオにおいて重要な役割を果たす場合にその動向を記述すればよい。この際、前節で記載したシナリオ・ドライバー間の相互作用について十分に検討する必要がある。

　シェルのシナリオのように物語形式にまとめれば、経営者やマネージャーに強い印象を与え、新たな発想が生まれてくるかもしれない。ただし、シナリオ作成者には、文筆家のような物語構成スキルが求められる。また、物語にするために、装飾的な表現や要素が入り、真に重要な不確実性の帰結がそのなかに埋もれ、冗長なものになりかねないという欠点がある。

　筆者たちの経験からは、箇条書き形式のシナリオのほうが、簡潔で本質をとらえやすく、かつ理解しやすい。したがって、経営計画プロセスにシナリ

オ・プランニングを取り込む場合には、箇条書き形式が適している。

また、シナリオ構築の際には、現状の事業環境に引きずられないように、タイムホライゾンにおける事業環境像を最初に展望し、その後、現在からその状態に至るまでの経過を検討する。このとき、あるシナリオが他のシナリオに移行する過程として考えられる場合もある。

---

(1) グラディ・ミーンズ、デビッド・シュナイダー著『メタキャピタリズム』（東洋経済新報社、2001年）
(2) これ以降の5つの力に関する解説の一部は、マイケル・E・ポーター著『競争戦略論Ⅰ』（ダイヤモンド社、1999年）を参考にした。
(3) Akerlof, G.A., "The Market for Lemons : Quality Uncertainty and the Market Mechanism", *Quarterly Journal of Economics,* Vol. 84, 1970.

CHAPTER 3
自社ビジネスモデルの分析

1 ビジネスモデルの考え方

　本章においては、自社のビジネスモデルを深く理解するとともに、シナリオによって自社や競合他社のビジネスモデルがどのような影響を受けるかを明らかにする。第2章におけるシナリオの作成では、自社ビジネスを取り巻く環境を観察してきたが、本章ではその視点を自社のビジネスへと移す。

　ビジネスモデルとは、ビジネスを行う仕組み、ないしは競争優位を生み出す仕組みをいう。

　自社のビジネスには毎日接しているし、自らその一部としてそれを動かしているわけであるから、自社のビジネスの仕組みについては当然理解していると考えがちである。しかし、ビジネスモデルは意識的な分析に基づいて構築されるだけでなく、小さな改善を繰り返しながら漸進的に構築されることもある。たまたまやってみたらうまくいったから、それを継続しているということも多いだろう。そのため、ビジネスの当事者であっても自社のビジネスモデルの全体像を把握していなかったり、明確に何が競争優位に貢献しているかを意識していないことが多い。

　ここで「自社の戦略」と呼ばずに「自社のビジネスモデル」と呼んでいるのは、この漸進的な変化の結果をも観察の対象としたいからである。シナリオ・プランニングは、自社ビジネスの仕組みの現状と自社の現時点における競争優位の源泉をあらためて考えてみるよい機会となる。

　シナリオ・プランニングは、自社のビジネスモデルの現状だけでなく、それが環境の変化によってどのような影響を受けるかを考える機会を与えてくれる。このことがまさに、シナリオ・プランニングの真の目的なのである。

シナリオ・プランニングを行わなくても中期計画策定にあたりSWOT分析などを行うことによって、ある程度自社のビジネスを理解する機会はある。

しかし、シナリオ・プランニングにおいては、自社のビジネスモデルを複数の環境のなかで試すことになるため、自社ビジネスに対するより深い理解が得られるのである。将来の環境変化による自社ビジネスへのインパクトをあらかじめ、しかもある程度詳細に想定しておくことは、後に述べる戦略策定のうえで不可欠なことである。自社のビジネスモデルが立ち行かなくなる環境変化をあらかじめ特定できれば、その環境が出現した場合への対策を立てておくことができるし、将来現れる好機を見極めておけば、それをどのように利用するかをあらかじめ考えておくことができる。

さらに、シナリオにおける環境変化が自社ビジネスに及ぼす影響を見ておくことにより、将来実際に環境変化が起こった際にその意味するところを即座に見抜き、その兆候を無視せず、変化への対応を迅速にとることが可能となる。つまり、自社ビジネスモデルと環境との関係を検討することは、現在の環境が継続するとか、環境変化が生じても自社には関係ないというような、暗黙の前提をもって行動しがちな経営者の意識を変革すること、ひいては組織全体の学習につながる。前にも述べたが、これがシナリオ・プランニングの意義のひとつなのである。シナリオ・プランニングについての最初の論文を著し、ロイヤルダッチ・シェルにおいて、実際にシナリオ・プランニングをリードしたピエール・ワックは、シナリオ・プランニングの分析的側面よりも経営者の洞察力を養成する役割のほうが重要であると述べている[1]。そして同様な議論が、その後のシェルのプランナーたちの文献に一貫して表れており、このことを彼らは「メンタルモデルの変革」と呼んでいる。

ビジネスモデルの定義には、いくつかの異なった考え方が存在する。第1の考え方は、いわば静的なビジネスモデルであり、ある時点での事業の仕組みを網羅的に定義するものである。事業の仕組みが網羅的であるためには、①ターゲット顧客（who）、②顧客への提供価値（what）、そして③価値の提供方法（how）が定義されていなければならない。

第2の考え方は、いわば動的なビジネスモデルであり、ビジネスの変動要

素間の好循環関係を明示することによって、時間的な競争優位の獲得過程を明らかにしようとするものである。

そして第3のものは、ファイナンシャルモデルであり、ビジネスの収入と費用、投資などをそれぞれの主要な要素ごとに明らかにし、それを財務諸表の形で表現するものである。このファイナンシャルモデルは、通常「ビジネスモデル」と呼ばれるものとは異なるが、シナリオのインパクトを定量的に知る手段として、ぜひとも実施すべきものである。

これら3つのビジネスモデルの表現方法は、相互に排他的なものではなく、ビジネスないしその競争優位の仕組みを説明するうえで補完的な役割を果たしている。静的なビジネスモデルでは、ビジネスの仕組みを網羅的に検討することができるが、時間の概念を含まないため「先行者利益」など重要な競争優位の獲得方法を明らかにすることができない。反対に動的なビジネスモデルは、時間による競争優位の獲得過程に関係のある要因のみを記述するため、ビジネスのすべてを記述したことにはならず、シナリオのインパクトを網羅的に検討することができないのである。そして、静的なビジネスモデル、動的なビジネスモデルともに定性的な検討に留まるが、ファイナンシャルモデルを作成することによりそれを定量的インパクトとして観察することが可能となる。

シナリオ・プランニング手法の構築に大きな貢献をしたシェルのプランナーたちは、これらのビジネスモデルのなかで特に動的なビジネスモデルを重視してきた。このことは、キース・ヴァン・デル・ハイデンの著書[2]に鮮明に表れている。確かに、動的なビジネスモデルは、通常呼ばれるビジネスモデルとは異なっており、その考え方の重要性を指摘した功績は大きい。しかし、著者たちは、これら3つの考え方が補完関係にあるため、動的なビジネスモデルと並んで静的なビジネスモデルやファイナンシャルモデルも、等しく重要であると考えている。

シナリオの生成の個所で検討したように、シナリオ・ドライバーの選択に際して、自社ビジネスに大きな影響を与える要因が選択されるため、シナリオ作成時点において、すでに直感的にシナリオと自社ビジネスモデルの概念

的な繋がりを想定しているわけである。しかし、自社ビジネスモデルの分析は、そのつながりを明確化し、詳細化するとともに、最終的には定量的に提示することを目的としている。

図表3-1 ● 静的なビジネスモデルと動的なビジネスモデル

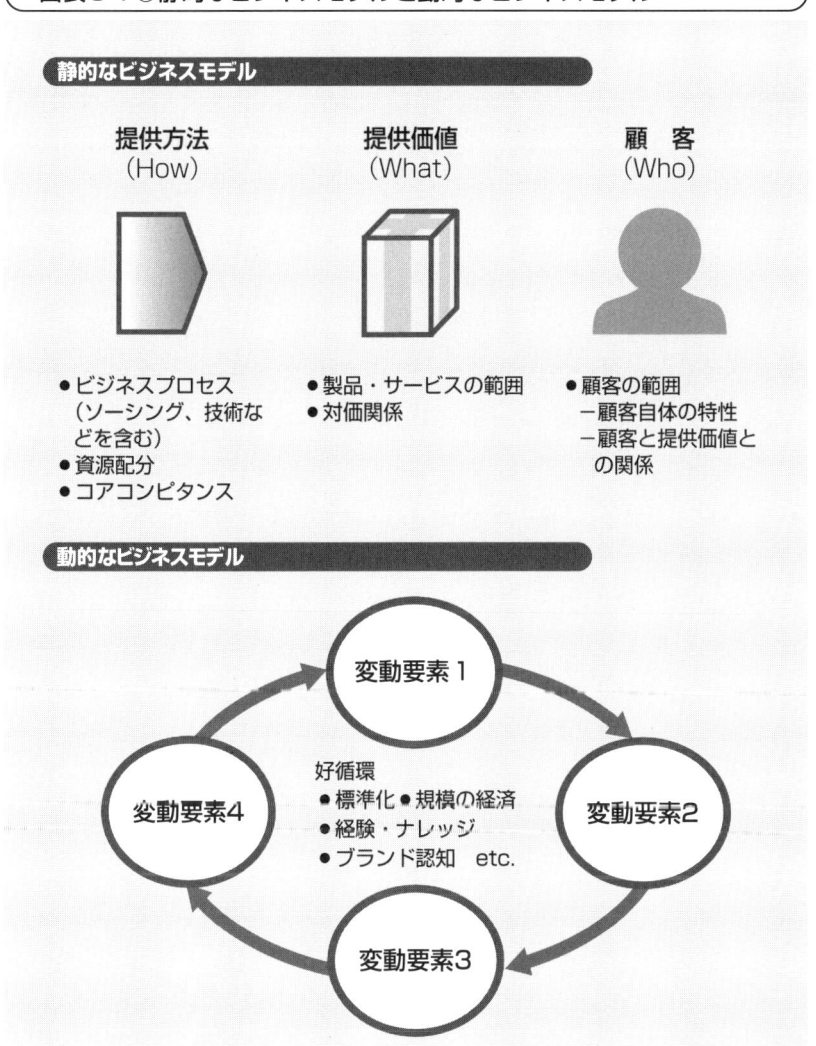

静的なビジネスモデル

提供方法 (How)
- ビジネスプロセス（ソーシング、技術などを含む）
- 資源配分
- コアコンピタンス

提供価値 (What)
- 製品・サービスの範囲
- 対価関係

顧客 (Who)
- 顧客の範囲
  - 顧客自体の特性
  - 顧客と提供価値との関係

動的なビジネスモデル

変動要素1 → 変動要素2 → 変動要素3 → 変動要素4 →（循環）

好循環
- 標準化 ● 規模の経済
- 経験・ナレッジ
- ブランド認知　etc.

シナリオを作成する段階では、自社ビジネスに対して深い考察を加えていないため、大筋の環境としてシナリオを考え、自社ビジネスモデルに影響を与える環境上の事象は、ビジネスモデルを検討するのと同時に、もう一度見直してみる必要がある。ビジネスモデルを検討する段階で、ビジネスモデルに大きな影響を与える不確実要因を新たに発見した場合、シナリオの作成段階に立ち戻ってシナリオ・ドライバー自体を見直してみる必要が生じることもあるだろう。

2 静的なビジネスモデル

　静的なビジネスモデルとは、ビジネスを行う仕組みそのものであり、現時点における事業の仕組みのスナップショットである。静的なビジネスモデルは、①ターゲット顧客、②提供価値、③価値提供方法という3つの要素をもっている。③はさらに、ビジネスプロセスや資源配分といった項目に分解できる。米国のビジネス思想家でコンサルタントでもあるエイドリアン・スライウォツキーがビジネスモデルを「企業が顧客を選び、提供物（または対応）を定義して差別化し、自分たちが行う仕事と外部に委託する仕事を定義し、自分たちの資源を配分し、市場に出て、顧客に効用を提供し、利益を得る方法の総体」と定義しているのは、この考え方を明確に表している[3]。このうち①と②は製品市場の選択（where to compete）、③は競争方法の選択（how to compete）のことであり、①と②をポジショニング、③を狭義のビジネスモデルと命名することも可能だし、そのような用語法を用いている方も多いだろう。

　しかし、ここでは①と②も含めて静的なビジネスモデルとして扱うこととする。①と②も広い意味ではビジネスの仕組みの一部をなしており、環境変化に対する影響を検討する対象として、③と同様な観察を加えるのにふさわしいからである。

　静的なビジネスモデルに対するシナリオのインパクトを検討する意義は、各シナリオにおける外部環境の変化が、現在のビジネスの仕組みを構成する要素にどのように影響を及ぼすかを考察するとともに、究極的には現在のビジネスモデルが全体として将来も機能するかどうかを見極めることにある。

　さらに、シナリオのなかに表れる将来の事業環境に合わせてビジネスモデ

ルを変更するとすれば、どのように変更すべきなのか、それが可能なのか、可能だとしても容易なのか、またどの程度の費用と時間を要するのかなども、同時に検討しなければならない。ビジネスモデルの変更が困難であったり、費用と時間を要する場合には、特に早めの対策を必要とする。

　なおここで、「影響」という言葉からは否定的な印象を受ける。実際にシナリオ・プランニングを行ってみると、やはり悲観的な結果となる場合が多いのも事実である。しかし、必ずしも「脅威」だけではなく、新たな環境のもとにおける「機会」も評価するようにしなければならない。それは、将来そのような機会が実際に訪れたときにそれを逃がさないようにするためであり、前述したように、それがシナリオ・プランニングの成果のひとつなのである。後に述べる戦略策定において、この「機会」が重要な意味をもつこととなる。

ターゲット顧客

　企業は、ある特定の顧客セグメントをターゲットとしていることが多い。それは、特定の顧客セグメントの嗜好に合った製品・サービスを提供することによって、その顧客セグメントの支持を獲得したり、その顧客セグメントが評価しない価値の提供は差し控えて、コストダウンをはかったりすることができるからである。

　顧客セグメンテーションの方法としては、①顧客の属性（個人顧客の場合は年齢、性別、学歴、家族構成、職業、ライフスタイル、居住地域など、法人顧客の場合には産業、規模など）、②顧客と製品・サービスとの関係（製品・サービスの使用目的、使用頻度、価格センシティビティ、ブランドロイヤリティなど）がある。ここでは、自社のターゲット顧客は一体どのような人（企業）たちなのかを考えてみる必要がある。

　年齢や性別などに関する人口構成の変化は、通常、不確実要因とはならないことは、すでに述べた（第2章第3節）。したがって、これらによるセグメンテーションはシナリオの前提事項にはなったとしても、異なったシナリ

オによって影響を受けることは少ない。つまり、未来の人口構成は市場全体としてみれば、「予定された未来」なのである。したがって、人口動態上のセグメントの拡大・衰退には、シナリオ横断的な対策が必要である。

しかし、地域によるセグメンテーションを行っている場合には、その地域内の人口動態が問題となり、シナリオによって大きな影響を受けることがある。例えば、都心に集中的に出店している託児所にとって、人口の都心回帰を引き起こす地価の下落、より根本的には景気の動向は、大きな不確実要因である。この場合、景気が悪化すると託児所の稼働率と収益性は向上する。また、出生率も業界によってはビジネスに大きな影響を与える。例えば、授乳具やベビーフードなど、幼児関連の製品・サービスを扱う産業にとっては、出生率の動向は市場サイズを大きく左右する要因である。

顧客セグメントの規模の変化や、顧客セグメントのもつ属性の変化自体がシナリオ・ドライバーとなっていることもありうるが、シナリオ・ドライバーから導かれた事象によって、顧客セグメントのサイズや属性が影響を受けることもある。いずれにしても、どのような仕組みで、どのように顧客セグメントが環境による影響を受けるのかを明らかにすることが重要である。また、同じ顧客数の減少が起こると想定するとしても、産業全体の顧客が減少する（市場が縮小している）のか、自社のターゲットとする顧客が減少するのか、ターゲット顧客内でのシェアが減少するのかを明確にしておく必要がある。

ビジネスモデルの顧客について注意すべきことは、類似のオペレーションを有するビジネスであっても、顧客がまったく異なることがあるということである。例えば、通常、新聞社は購読者と広告主の両方を顧客としているが、広告主のみを顧客とし、購読者には情報を無料で提供するというビジネスモデルも考えられる。サンケイリビング新聞社や「ぱど」はその例である。このような無料誌を発行している企業にとっては、同じビジネスモデルをとる企業が一義的な競合となるため、このモデル（無料誌）への参入や、一般誌との棲み分け状況を左右する購読者の嗜好が、シナリオによってどう変化するかが重要な問題となる。

提供価値

　提供価値は、そもそも顧客に何を提供して対価を受領するのかという問題とともに、提供する製品・サービスの範囲や内容、そして受領する対価の種類と大きさ（額）の問題を含んでいる。ターゲット顧客が市場の選択であるのに対して、提供価値は市場に提供する製品・サービスの選択ということができる。

　ここでは、自社の顧客は、自社の提供するどのような価値に魅力を感じ、対価を支払っているのかを考えてみる必要がある。

　何を提供して代金を徴収するかという問題は、広範な内容を含んでいる。前出の例のように無料誌で広告者のみを顧客とする場合、多くの購読者の目に触れる紙面のスペースが対価徴収の対象である。また例えば、同じ中間流通業であっても、顧客である小売業者から商品の対価として代金を受け取り、小売業者に対して商品陳列作業を無料で提供する場合と、陳列作業を別個の代金徴収対象として、商品とは別に価格づけをする場合とがある。後者を「メニュープライシング」と呼んでいるが、一部の卸業者に採用され、競争優位の源泉となっている。

　同様に、プライシングの方法そのもの（例えばインターネットプロバイダの固定課金、時間課金、トラフィック課金など）も、顧客に対する提供価値とその対価の問題の一部である。

　提供する製品やサービスの範囲は、通常「産業」と呼ばれているものによって画されているが、顧客に対して複数の産業にまたがるユニークな製品・サービスの組み合わせを提供することによって、競争優位を獲得している場合がある。特急料金の割引とともにレンタカーを安価に提供するJRグループの「トレン太くん」はその例であろう。自社のビジネスモデルがこれに属する場合には、同時に操業する複数の産業のうち一方が他方に与える影響を特に考慮しなければならない。

　本書巻末のケースとして扱っている医療用医薬品と一般用医薬品（店頭薬）の場合、多くのメーカーがその両方に従事しているが、それぞれ専業のメー

カーも存在するので、これらを別個の産業と呼んで差し支えないだろう。もし医療用医薬品を店頭薬に転用して両方で販売できるとすれば（スイッチOTCと呼ばれる）、両方の産業に従事することのメリットを得られる。山之内製薬の抗潰瘍剤「ガスター」はその例である。このような場合、将来シナリオによって2つの産業がどのような関係になるかが大きな問題となる。

　また、そもそも競争優位が製品やサービスそのものの内容の差別化に依存している場合もある。製品・サービス自体による差別化は、特殊な成分・コンポーネントの提供、特殊な機能の提供、製品の組み合わせ、サービスの付加などによって生じる。

　多くの医療用医薬品や特定保健用食品（体脂肪になりにくい食用油である花王の「健康エコナ」など）は、特殊な機能によって差別化を達成している例である。これら製品による差別化は、究極的にはその製品を生み出すコアコンピタンス（後述）に支えられていることが多い。しかし、偶然に優秀な製品を開発できたということも考えられる。この両者では未来における競争優位の持続可能性は大きく異なるので、見極めが必要である。

　提供価値をシナリオ中で評価する場合、顧客による提供価値の内容の評価が、各シナリオによってどのように変化するかが問題となる。

　例えば、発泡酒にかかる税金が上げられ、ビールとの価格差が縮小したとしても、顧客は発泡酒を買い続けるだろうか。化粧品の購買基準が、イメージからより機能面へと変化しても、顧客は欧州で生産された伝統的な化粧品ブランドを買い続けるだろうか。インターネットでサイト間の相互リンクが可能となっても、顧客はワンストップショッピングに意味を感じ続けるであろうか。インターネットを通じてビデオ・オン・デマンドが実現しても、現在のテレビ局は広告主に価値を提供し続けられるであろうか。シナリオによる自社の提供価値への影響を検討するにあたっては、このような問題に答えなければならない。

価値提供の方法

　価値提供の方法としては、ビジネスプロセス、依存技術、ソーシング関係、資源配分などが考えられる。また、コアコンピタンスもシナリオとの関係では重要な概念である。

❖　ビジネスプロセス

　ここでビジネスプロセスとは、社内のビジネスプロセスのみならず、仕入先、顧客、ビジネスパートナーなどまで含めたビジネスプロセスと考える必要がある。ビジネスプロセスは、①情報伝達のプロセス、②製品・サービスの仕入・加工・提供のプロセス、③代金授受のプロセス、に分解して考えるとわかりやすい。自社のビジネスプロセスを理解するためには、前述した産業バリューチェーンを利用するとよい（第2章第2節参照）。そして自社ビジネスのどの部分がどの機能に属しているのか、自社においてはこのバリューチェーンがどのように実現されているのかを考えてみるとよい。

　シナリオとの関係でビジネスプロセスが典型的に問題となるのは、第2章第1節で述べたように、情報技術の進展により新たなビジネスプロセスの採用が可能となり、競合他社や新規参入者が自社と異なったビジネスプロセスを採用する結果、自社の既存のビジネスプロセスが顧客にとって支持されなくなってしまう場合である。

　現在ではインターネットの出現によって、ネット上での受発注がすでに当然となりつつあるが、シナリオによっては、将来このネットワーク環境がさらに広帯域化すること、モバイル化すること、高度な暗号技術によってよりセキュリティが向上すること、IPv6化により様々な経路でのP2P通信が容易に行われるようになること、各種XMLスキーマの開発により情報交換フォーマットがより標準化すること、SCM手法やソフトウェアの発達によりきめ細かく需要データを収集・解析できるようになることなどにより、現在のビジネスプロセスが将来さらに変更可能となる可能性があることを考えに入れておかなければならない。

例えば、消費者金融業者にとって、窓口での契約業務に代わる自動契約機の導入が初期的には競争優位の源泉、次いで競争優位の前提条件となってきたが、インターネットの普及と広帯域化によって、さらに異なった契約プロセス（自宅からネット上で顔を見ながら行うなど）が主流となるかもしれない。教育ビジネスは、現在でも教室における講義の形態をとることが多いが、PDA、広帯域通信、ファイルのコピー阻止技術の普及により、顧客の空き時間に画像ファイルを使用したPDAによる学習形態が普及するかもしれない。

これらの他に、物流システムや決済システムの変化によっても、ビジネスプロセスは大きなインパクトを受ける。シナリオにおける環境をそうした意味でもう一度詳細に見てみると同時に、それによって自社の競争優位がどう変化するのかを見極める必要がある。

❖ 依存技術

事業の競争優位性が技術に大きく異存する場合には、プロセスそのものだけでなく、プロセスを実現する技術の違いも考慮に入れておく必要がある。自社のビジネスプロセスがある技術に依存している場合、その技術の陳腐化によって競争優位を失う可能性がある。

例えば、銅製錬は、一般に銅鉱石を乾式製錬（溶錬）して粗銅を生産した後に硫酸銅中で電解製錬する方法をとるが、鉱石を粉砕して直接硫酸に浸して銅を溶出させ、それを電気的に採取する方法も登場している。既存の技術を採用する銅製錬業者にとっては、この技術を促進したり相対的優位性を高めたりするような要因がシナリオに含まれる場合、大きな打撃を受けることが予想される。

別の例として、個人の所有する電子機器間を無線接続する標準として、現在ブルートゥースと無線LANの2方式が並存しているが、一方を自社製品に組み込んでしまった後に他方の方式が優勢となった場合、すべての製品を他の方式に変更するには長い期間と多大な費用、それに顧客への信頼を犠牲にしなければならない。

自社の依存技術については、たいした分析を必要とせず、社内の主要な技

術者に質問することにより容易に判明することが多いだろう。

　自社の競争優位に影響を与えるような大きな技術革新は、それ自体がシナリオ・ドライバーとなっていることが多い。しかし、他のシナリオ・ドライバーが技術革新を早めることも考えられる。例えば、自動車に対する二酸化炭素排出規制が燃料電池技術を飛躍的に向上させることも考えられるのである。

　これとは反対に、自社技術の改良により新技術の出現に対抗できることもある。例えば、シリコンと比較して高速に動作する化合物半導体（InP、GaAs）製造技術の出現は、シリコン自体を高純度化するなどの既存技術の改良によって対抗可能となっている。いずれにしても、出現する可能性のある技術がどの程度の優位性をもつと考えられるのか、その技術が出現してしまった場合に顧客の離脱するスピードはどうか、自社の採用する技術の改良によりどの程度リカバリーが可能なのかを、調査によりできる限り見極めておく必要がある。

　既存の技術的基盤を崩壊させるような技術を、破壊的技術（disruptive technology）という。破壊的技術が現れた場合に、自社ビジネスモデルはどうなるのかを検討する必要もあるだろう。

❖ チャネル

　チャネルは、産業バリューチェーンの一部をなしているが、シナリオ・プランニングにおいては特別な注意を要する。いままでの数多くの産業の歴史を見ても顧客の製品・サービス自体のニーズの変化と比較してチャネルの変遷は非常に大きいということができるからである。つまり、チャネルは環境の変化によって特に移ろいやすいビジネスモデルの要素なのである。

　チャネルはターゲット顧客とも深く関係している。シナリオによってチャネルがどう変化し、それが自社にどのような影響をもたらすかを見極めておかなければならない。例えば、インターネット上でのｅコマースは、既存チャネルの代替となりうるし、既存チャネルを排除する機会を提供している。

　消費者向けの製品・サービスを提供する多くの産業にとって、コンビニエンスストアは巨大なチャネルとなった。かつて女性用生理用品に日用雑貨品

チャネルで参入した大成化工（後のユニ・チャーム）と、伝統的な薬局・薬店チャネルを使用し続けたアンネの、その後の帰趨を考えてみるとよい。また米穀店という独特のチャネルを使用した武田薬品工業の調味料「いの一番」や、同社の清涼飲料水「プラッシー」などは、米穀店の衰退とともに以前の優位性を失ってしまった。

　自社のチャネル構造の特徴は、通常、販売部門に質問することにより容易に判明する。ただ、質問により意外な事実が判明することもあるので、必ず販売部門の複数のマネージャーに質問するとよい。

　多くの企業にとってチャネルに関する悩みは、チャネルが変化しているときに、新しいチャネルの採用が既存チャネルの反発を招いてしまい、チャネル間のカニバリゼーションをコントロールできなくなることである。例えば、生命保険のダイレクト販売に外資の保険会社が参入したとき、セールスレディーを多数抱える国内生保はダイレクト販売の確立に遅れをとった。旅行代理店の反発を恐れて、インターネットによるチケット販売を積極的に宣伝しない旅客運送事業者もある。

　このように、シナリオとの関係でチャネルを検討する場合、新規チャネルの可能性だけでなく、既存のチャネルがどのように足かせになるかも、検討しておく必要がある。

❖　ソーシング関係

　原料やオペレーション上の必要機能のソーシング関係も、シナリオとの関係では重要であることが多い。これも広義にはビジネスプロセスの一部であるが、特に取り出して観察するに値する。

　ソーシングには2つの意味がある。1つは、原料の調達である。特殊な原料を使用している場合や、原料供給者の数が限られているような場合には、環境変化の影響を受けやすい。もう1つは、バリューチェーン上の機能のアウトソースであり、自社のビジネスプロセスの一部を外部に委託することである。将来の産業バリューチェーン（高次元のビジネスプロセス）自体が変化したり、産業バリューチェーンの機能間での重要性が変化したりする場合、

重要な機能を自社が有しておらず、これを確保する可能性が低いときには、競争優位を失う可能性がある。

シナリオを作成する際、各シナリオの産業バリューチェーンへの影響を分析したが（第2章第4節）、この産業バリューチェーン上における重要な機能をコントロールしているかどうかが問題となる。

まず、原料の購買について検討する。一般にコモディティとなっている原料を使用している場合には、環境が変化してもその調達自体については影響が少ない。ただし、コモディティであればあるほど、価格決定における市場の役割が大きいので、その需給関係は価格に大きな影響を及ぼす。ロイヤル・ダッチ・シェルのシナリオは、環境の影響を原油価格に収斂させていた。なお、コモディティと考えられるものの範囲も変化していることに注意すべきである。エンロンは、従来コモディティとは考えられていなかった多くの商品をコモディティ化し、取引市場を作り出した。通信線の帯域、海上輸送などはその例であり、これらは市場価格が存在するようになっている。

コモディティではないものは、その調達の可能性自体が環境変化の影響を受ける。特に、原産地が特定の地域に集中しているもの（石油、各種の希土類金属、宝石、ナツメヤシなど）は、その地域の情勢に影響を受ける。特定の鉱山に依存する鉱物の枯渇、海産物資源の枯渇、希少な原料の製造業者の競合による買収などは、自社の操業自体に影響を及ぼしかねない。

反対に、原料調達自体が現在の競争優位につながっている場合には、原料ソースが多様化することや原料が広く一般に供給可能となることによって競争優位を失う可能性がある。無機原料であれば新たな鉱山の発見や海水などからの安価な抽出方法の開発、有機原料であれば微生物を利用した醸造方法の開発などにより、原料のアベイラビリティが飛躍的に高まる可能性がある。これらの場合、自社ビジネスモデルだけに目を向けると、自社のビジネスにプラスのインパクトがあるように見えてしまうが、販売価格の下落とともに他社の参入障壁を引き下げることによって、マイナスのインパクトをもつことを見落としてはならない。

次に、バリューチェーン上の機能のソーシングについて検討する。機能の

アウトソーシングについては、シナリオにかかわらず、現在起きている根本的な変化として、インターネットの普及とサプライチェーン技術の進化があげられる。これらがソーシング関係に及ぼす影響を考慮に入れておく必要があろう。

　従来、全バリューチェーンを有していなければ操業できなかったのが、バリューチェーンのある機能に特化したビジネスモデルが出現し、各機能に特化した事業体の間をコンピュータネットワークで接続することによって、あたかもひとつの企業体のように振る舞い、しかも各機能がそれ自体として競争力を有する結果、全体として高い競争優位性を有する企業集団が形成される可能性がある。これは、業界にかかわらずある程度普遍的な現象である。シナリオの作成方法によっては、これが自社の属する業界で本当に実現するのかどうかがシナリオ・ドライバーになることもありうるし、これ自体は各シナリオの前提として、そのうえで何か別の環境要因が不確実要因となることもあるだろう。

　しかし、いずれにしても、この全バリューチェーンから個別機能への移行が、自社のビジネスにどのような影響を及ぼすかを考えてみることは、多くの場合有益である。

　シナリオとの関係でソーシング関係を考える場合、前述したように産業バリューチェーンの変化やその機能間の重要性の変化によって現在のソーシング関係が競争優位を保てるかどうかが問題となる。現在自社で保有する機能以外の機能が重要になり、その機能が少数の企業によって保有されている場合、ほとんどの利益をその機能を提供する企業にもっていかれる可能性がある。PC製造におけるインテルや、cdmaOne方式の携帯電話製造におけるクアルコムの例を思い浮かべるとよい。PCや携帯電話製造業者の利益はきわめて薄いのに対して、インテルやクアルコムは非常に高い利益を上げている。この例において、自社が将来PC製造企業となるかインテルとなるかでは、収益性に非常に大きな差があるといっていいだろう。

❖ 資源配分

　まったく同じビジネスプロセスを採用したとしても、経営資源の配分を明確に異にする場合は、ビジネスモデルが異なると考えたほうがよい。例えば、小売業で同じ品物を扱っていたとしても、店舗に大きな投資を行い多数の販売員を配置して販売を行う方法と、多額の広告宣伝費を支出して販売を行う方法、さらに投資や出費を最小限とし商品を低価格に設定して販売を行う方法では、異なったビジネスモデルということができる。

　資源配分については、様々なトレードオフが存在する。例えば、上記した小売の例で、店舗投資や広告宣伝を惜しめば、価格によって顧客をひきつけるしかないので、粗利益は薄いものになる。このような資源配分の違いは、基本的には顧客の購買クライテリアの違いに基づくので、上記の顧客セグメントと深く関係している。

　また、別のトレードオフとして、生産設備への投資レベルがある。例えば、機械化の投資を進めれば、生産数量単位あたりのコストは低下するが、設備の減価償却が重くのしかかるため損益分岐点を押し上げる結果となる。そのため、販売数量が伸びる環境においては機械化は有利であるが、そうでない場合は、機械化しないほうがむしろコストは小さくてすむ場合もある。

　同様に、例えば電力における発電設備などの場合、設備の熱効率と設備の価格にトレードオフが存在する。ピーク時のみ稼働する発電所であってそのときの電力市場が高い値をつけるのであれば、熱効率が悪くても安価な発電所を建設したほうが有利となり、現実に米国のいわゆるマーチャント・プラントと呼ばれる発電事業者はそれを実践している。反対に、常に稼働するベースロードの発電所は、高価であっても熱効率の高い設備が有利となる。

　自社の資源配分が、競合他社とどのように異なっているかを知るためには、かなりの分析を必要とする。そのためには、競合他社の財務データから様々な指標を作成し、自社の指標と比較してみることが有効である。指標に大きな違いがあるとしたら、それは何に起因するのかを考えてみる必要がある。

　シナリオとの関係では、シナリオ中の環境のもとで、現在の資源配分が有効に機能するかどうかが問題となる。顧客の購買クライテリアはどう変化し

ていくだろうか。その変化に対して現在の資源配分はうまく機能するのか、販売・生産量はどのように推移するのか、その生産量を前提として、現在の設備構成はうまく機能するのだろうか。このようなことを考えてみる必要がある。

❖ コアコンピタンス

　コアコンピタンスとは、競争優位の源泉となるような能力のことである。プラハラードとハメルは、これを木に喩えており、根がコアコンピタンスであり、幹と大枝が中核製品群、小枝が事業単位であり、葉や花が最終製品群であるという。もし最終製品のみを見て、その根の強さを調べないのであれば、競合相手の強みを見過ごすことになってしまうというわけである。

　コアコンピタンスは、低次元のビジネスプロセスや、組織文化やマネジメント能力など、単独では比較の難しい諸要素を総合的にとらえる概念として、顧客への価値提供の方法をうまく表現でき、しかも他の価値提供方法の要素ではカバーしきれない内容をカバーすることができる。したがって、自社のビジネスモデルを検討するにあたっては、自社のコアコンピタンスは何かということを検討すると同時に、それがシナリオの将来環境においても、持続的に競争優位の源泉となりうるかを考えておくことは、きわめて有益である。

　シナリオとの関係では、将来環境においても現在のコアコンピタンスが十分機能するかどうかが問題となる。将来の環境によって、その能力が宝の持ち腐れとなり、反対に必要な能力が不足してしまうのであれば、早めの対策が必要である。また、戦略策定のところでも述べるが、現在のコアコンピタンスが将来参入しようとする産業や顧客セグメントでも有効かどうかは、各シナリオに対する戦略を考えるうえで重要である。

まとめ方

　静的なビジネスモデルのまとめ方は、図表3-2のようなマトリクスとしてまとめるとわかりやすい。縦軸（行）に静的なビジネスモデルの各構成要素

を配し、横軸（列）にまず自社のビジネスモデルの説明、次いで各シナリオによって受ける影響順に配置するようにする。このようにすることにより、ビジネスモデルのどの部分が、どのシナリオによって、どのように影響を受けるのかが一目瞭然となる。

このマトリクスは、静的なビジネスモデルの全体像の把握と、各シナリオのビジネスモデルへの影響を検討する際のチェックリストとして機能する。ビジネスモデルのレビュー作業自体もこのマトリクスを使用して行うことができるため、フリップチャート上に作成したり、PC上で作成してプロジェクターで投影したりして、シナリオ・プランニングに携わる人全員で議論することが望ましい。そうすることにより、様々な角度からの検討が可能になるし、各人のもっている個人的な認識の違いが埋まり、より客観的なビジネスモデルの理解につながるからである。

ビジネスモデルの構成要素は、最初は網羅的に掲げて議論して各人の発想

図表3-2●静的なビジネスモデルのまとめ方

		自社モデルの概要	シナリオ1	シナリオ2	シナリオ3	シナリオ4
顧客セグメント						
提供価値						
価値提供方法	ビジネスプロセス					
	依存技術					
	チャネル					
	ソーシング関係					
	資源配分					
	コアコンピタンス					

を促すが、最終的に整理する際には、ビジネスモデルの特徴となっていないものは削除してしまってもよいだろう。

第3章　自社ビジネスモデルの分析

3 動的なビジネスモデル

　いままで述べてきた静的なビジネスモデルの考え方は、ビジネスの仕組みをある一時点において、スナップショット的にとらえようとする考え方であるが、これとは別に動的なビジネスモデルの考え方が存在する。これは循環型ビジネスモデルとも呼ぶべきものであり、ビジネスの様々な変動要素が好循環で結ばれることによって、後発の競合に対して競争優位を獲得するという考え方である。

　多くのビジネスでは、ビジネスを実行していくにつれて、その競争優位性が自己再強化するような仕組みになっている。複雑系に関する議論を引用するまでもなく、およそシステムとして存在しているあらゆる種類のものは、好循環関係を内在しており、ビジネスもまたその例外ではないのである。「クリティカルマス」と呼ばれるものも、この好循環関係が機能しはじめる点として説明することができるし、この好循環が「先行者利益」と呼ばれる競争優位の主要な源泉となっていると考えられる。

　現代においては様々なメディアによって情報が豊富かつ迅速に提供され、また自社にないビジネスプロセスもアウトソーシングを行ったり、外部コンサルタントを活用したりすることによって獲得可能であるから、静的なビジネスモデルのみが競争優位の源泉であるとすれば、ビジネスモデルは最終的には競合に模倣されてしまい、その結果として競争優位が持続しなくなってしまうだろう。確かに、自己再強化の仕組みなしで有限な資産（例えば事業に有利な立地など）の先占などによって、ビジネスモデルが長期間存続しうるということは考えられなくはない。しかし、多くの場合、このような優位

性は限定的であり、自己再強化的なモデルによる「逃げ切り」がどうしても必要となるのである。

このような自己再強化が出現する最も典型的パターンは、標準化をめぐるものであるが、他にも規模の経済の獲得、経験・ナレッジの獲得、ブランド認知の獲得などについても典型的な好循環が見られる。以下順に典型的な好循環を見ていくこととする。

標準化

電子機器の記憶媒体や通信プロトコルなどの標準化は、他の機器と接続あるいは互換するために必要なものであり、顧客による購入機種選択の際の非常に重要な判断基準となる。

標準化には、標準化対象物の早期の普及を目的として中立的な業界団体などが行う標準化と、ひとつの企業ないし企業グループが事実上行う標準化とがあり、後者をデファクト・スタンダード（defacto standard）と呼んでいる。特に、企業に競争優位をもたらす可能性があるのは、このデファクト・スタンダードのほうである。自社の主張する型式が事実上の標準として普及する

図表3-3●標準化がもたらす好循環

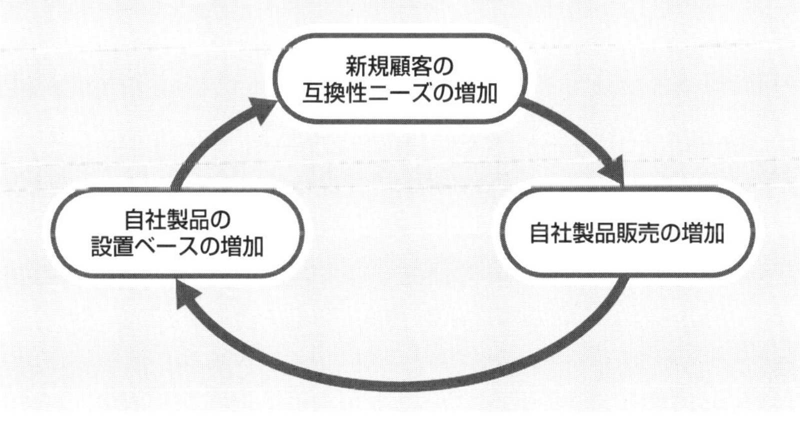

新規顧客の互換性ニーズの増加 → 自社製品販売の増加 → 自社製品の設置ベースの増加 → 新規顧客の互換性ニーズの増加

場合、将来の顧客は互換性や慣れの問題からもう一度自社の製品を購入せざるをえなくなる。自社1社による場合だけではなく、少数の企業グループによってのみ標準がサポートされる場合も同様の効果がある。

　複数の標準が存在する場合において、どの標準が将来支配的になるかは、特に電子機器を扱うビジネスにおいては重要な意味をもっており、それ自体がシナリオ・ドライバーとなりうるインパクトをもっている。

　現在このような状況にあるものの例としては、小型メモリーカードをあげることができる。コンパクトフラッシュ、スマートメディア、メモリースティック、SDメモリーカードなどが主な標準であるが、これら以外にも標準が存在し、その将来は混沌としている。もうひとつの例としては、次世代公衆無線通信方式をあげることができるであろう。W-CDMA（直接拡散方式）とcdma2000（マルチキャリア方式）の2つの標準が覇権を争っている。

　標準化に好循環が働く仕組みは、自社フォーマットの製品（機器やソフトウェア）を使用する顧客が増加することにより、自社フォーマットを採用する製品自体が普及し、その普及した製品との互換性を得ようとする別の顧客がさらに自社製品を購入するという好循環が生まれることである（図表3-3）。ネットワークの効用に関するメトカーフの法則によれば、ネットワークの効用は接続されるノードの数の2乗に比例する[4]。

　このことは、ネットワーク以外の標準化にもあてはまるといっていいだろう。したがって、ある標準が一度多数を獲得したとすると、標準に雪だるま式に顧客が集まることになる。

　NTTドコモのi-modeは、この端的な例であろう。i-modeは、ハイパーテキスト表示のためにCompact-HTMLという方式を採用しており、競合他社が採用しているWML方式とは異なっている。しかし、無線インターネットとして最初に普及したi-modeのユーザー数に魅力を感じて、多くのコンテンツプロバイダがCompact-HTML（i-mode方式）によるサービス提供を行った。そして、これらのコンテンツプロバイダの数に魅力を感じたユーザーがi-modeを購入するという好循環サイクルに入り、i-modeは短期間のうちに爆発的に普及することになったのである。

ただし、不特定多数の機器と接続することを目的とした標準化（例えばネットワーク・プロトコルや公衆無線通信方式など）と、主として特定の機器間でのみ使用する標準化（前述のメモリーカードなど）では、多数を支配することの優位性には違いがあることに留意すべきである。

また、正式に業界標準となるなどして、すべての競合が採用してしまった標準には、もはや優位性は存在しない。例えば、ファクシミリの通信方式は、かつては複数の方式が存在したが、現在では完全に統一され、その結果標準方式の採用自体がファクシミリメーカーの優位性にはつながらなくなっている。

自社ビジネスモデルを考えるうえで問題となるのは、はたしてシナリオにおける特定の環境において、標準化による好循環に入ることができるかどうかということである。また、現在自社がデファクト・スタンダードを握っている場合、シナリオ中の環境の出現によってそれが危うくされないかどうかも検討すべきである。マイクロソフトのウィンドウズが典型的にそうであるように、デファクト・スタンダードを自社ないし自社グループで独占することによって、大きな利益を得ることが可能であるため、これに成功すれば自社のビジネスに大きなプラスのインパクトがある。

しかし、マイクロソフトのように1社で事実上の標準を長期間独占できることは稀であり、かつてNEC98シリーズのパソコンやソニーのベータ・マックスがそうであったように、一旦は1社が事実上の標準を確立したかに見えても、他者の連合体が出現して誰にでも使用できる標準を確立してしまい、結局標準を独占することによる競争優位は長続きしないことが多い。したがって、仮に自社でデファクト・スタンダードを確立できるとしても、その優位性の期間には注意をはらう必要がある。

規模の経済の獲得

規模の経済は、マイケル・E・ポーターの主張した3つの戦略類型の1つであり、ローコストを達成する重要な手段でもある。

規模の経済を達成した企業は、競合他社に対してコスト優位に立つため、

図表3-4 ●規模の経済の獲得による好循環

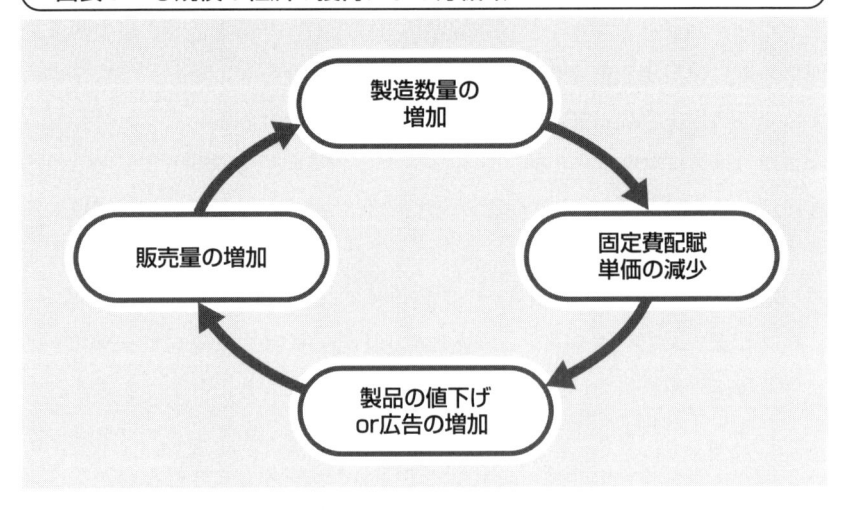

製造数量の増加 → 固定費配賦単価の減少 → 製品の値下げ or 広告の増加 → 販売量の増加 → （製造数量の増加へ）

　その優位性を活かして、さらなる顧客獲得に向かうことができる。事業基盤が大きければ、広告、販売員、研究開発、本社事務、そして設備維持のような固定費は、より大きな販売ベースに配布することが可能である。さらに、事業規模が大きければ、市場調査、法務要員、製造技術開発活動など、会社のニーズに特化した特別な資産や活動を賄うことができるようになる（図表3-4）。

　規模の経済による好循環は、厳密には2種類の発現の仕方があるだろう。1つは、規模が大きいがゆえにコスト優位に立ち、そのコスト優位を活かして販売価格を下げ、さらなる規模の拡大につなげることである。もう1つは、コスト優位による大きな利益を宣伝広告や販促活動に使用し、さらなる集客につなげる方法である。

　例えば、ハンバーガーチェーン首位の日本マクドナルドは、第2位のモスフードサービスと比較して約3倍の売上規模をもっている（1998年度決算時点）。この規模は同社の製品であるハンバーガーの生産・流通コストに大きな影響を与えており、圧倒的な競争優位の源泉になっている。これは、同社のハンバーガーがきわめて安価で販売され、競合は顧客を奪われているにもか

かわらず追随できないことからも明白である。かくして、日本マクドナルドはさらなる顧客を獲得し、さらにコスト優位性を強化していくことができる。

　自社のビジネスモデルを考えるうえで問題となるのは、他社に先んじて意味のある規模を達成できるのか、さらに根本的には、はたして規模によってコスト優位が生ずるのかということである。他社に先んじて意味のある規模を達成するためには、自社の他のビジネスによる市場プレゼンスを利用するなど、何らかの工夫が必要であることが多い。反対に、現時点において規模の経済によるコスト優位を達成しているとしたら、それを覆す環境変化が現れないかどうかということも問題である。

　規模の経済による好循環は、規模と関係のない廉価な生産方法の出現や、顧客の価格センシティビティの低下、価格優位を上回る差別化された製品の出現などによって破綻をきたす。例えば、いままで規模の経済のために高い熱効率を実現できると考えられてきた大規模集中型の発電方式は、燃料電池やマイクロガスタービンの出現によってコスト優位を脅かされている。グルタミン酸ソーダ製造方法に関して、かつて味の素が自社開発の「抽出法」に基づき、営々と築いてきた設備と副産物市場アクセスに関する規模の経済は、1956年に協和発酵工業が開発した「発酵法」によってほとんど無意味になってしまった。また、かつてICの生産で軍需の規模を背景とし圧倒的な価格優位をもっていたテキサス・インスツルメンツは、市場の要求する製品の高度化に対応できず、その地位を失ってしまった。

　これら好循環を破綻させる事象は、それ自体シナリオ・ドライバーとなるインパクトをもっているが、そうでない場合も、各シナリオの環境がこれらの要素を含んでいないかどうかを慎重に検討する必要がある。検討に際しては、規模の経済によるコストダウンは、通常、ある程度の規模を達成するとそれ以上は機能しなくなること、また、規制緩和による海外からの参入者はより大きな規模の経済をすでに達成している可能性があることなどに留意する必要があるだろう。

経験・知識の獲得

　経験・知識に関する好循環は、優位性獲得の程度は前述の標準化などに比較して小さいものの、次のブランド認知とともに最も一般的に生じる先行者利益である。前述した規模の経済と類似するが、一般に「経験曲線」といわれるものも、主に経験・知識の蓄積によるものと考えられる。

　特定の事業における先行者は、後発参入者と比較して、その事業特性、顧客、製造ノウハウなどについての知識や経験を先行的に獲得することができる。この経験・知識に対して顧客が信頼を寄せる結果、新たな顧客がさらに先行者を選択することとなる（図表3-5）。他の競合と比較して市場での経験が長い場合には、顧客や製品に関する知識ベースも当然大きいと考えられる。

　例えば、コンサルティング・ビジネスにおいて、伝統的なコンサルティング会社は、経験が長く、プロジェクト経験も豊富なためベストプラクティスやノウハウを獲得する機会も多い。それゆえに顧客も、このコンサルティング会社に信頼を寄せて選択し、さらにこのコンサルティング会社はビジネスに関する知識と経験を積み重ねていくという好循環が生まれる。

　この経験・知識に関する好循環は、必ずしも顧客の絶対数が問題となると

図表3-5●経験・知識の獲得による好循環

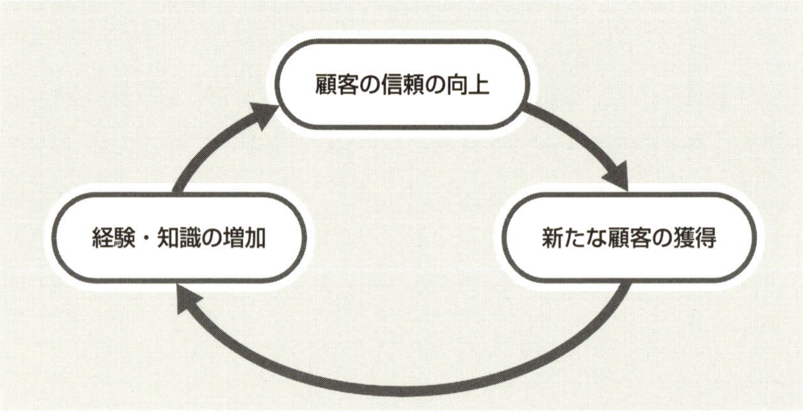

顧客の信頼の向上 → 新たな顧客の獲得 → 経験・知識の増加 → 顧客の信頼の向上

は限らない。あるセグメントに集中している場合、そのセグメント内の顧客を深く知ることにより、顧客からはそのセグメントの専門家と見なされるようになり、そのセグメントにおける顧客の信頼を獲得するという好循環が生まれることもある。

すでにビジネスを行っている企業にとって、この種の好循環のなかにいることは、むしろ当然ということができるだろう。少なくとも、経験・知識によって新規参入者に対する優位を形成しており、これが業界への参入障壁になっていることが多いからである。

シナリオ環境との関係の検討にあたっては、経験・知識の価値を破壊してしまうような事象の出現が問題となる。既存の競合とは異なる産業の企業や、海外からの先進的な知識をもった企業の参入、あるいはまったく異種類の知識を活かした企業の参入が発生した場合は、この好循環は断ち切られてしまう可能性がある。例えば、ブリタニカは百科事典の編纂において卓越したノウハウを有していたが、マイクロソフトがPC上で動作するインタラクティブ百科事典である「エンカルタ」を安価で発売したとたんに、競争優位を失った。

経験・知識の獲得の好循環が機能するのは、産業が比較的新しい時期である。古い産業においてはオペレーション上の情報は知れわたり、ベストプラクティスを伝播させるような業界誌やコンサルタントが出現し、特に製造業であれば部品がコンポーネント化されるなどによって比較的容易に生産可能となってしまい、最終的には先行者利益が機能しなくなることが多い。したがって、先行者として優位性をもつ期間を過去の類似の産業から類推することも重要である。

自社ケイパビリティの向上

経験・知識に関する好循環と類似しているが、自社の投資行為を伴うという点では、自社ケイパビリティの向上を別に述べておく必要があろう。利益の潤沢な企業は、R&Dのような自社のケイパビリティを向上させる投資にも、潤沢な資金を使用することができ、その結果として製品の品質が向上し

図表3-6●自社ケイパビリティの向上による好循環

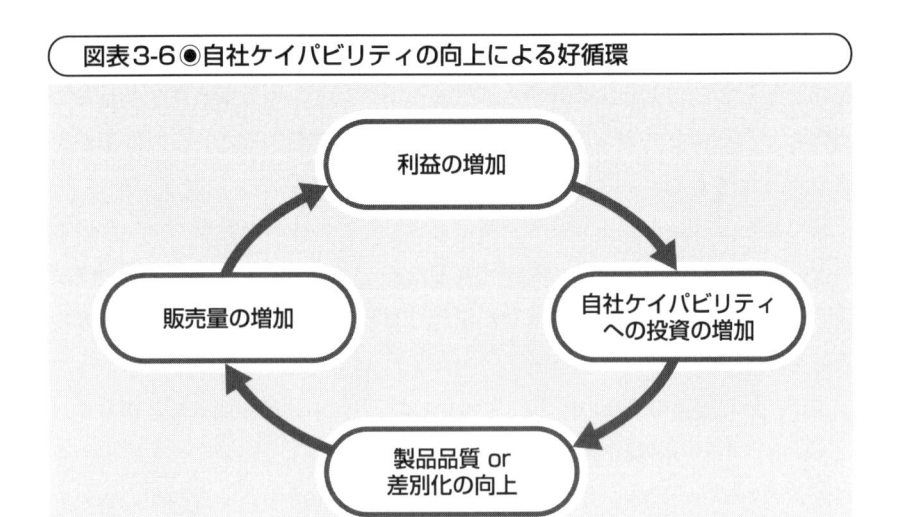

```
    利益の増加
   ↗         ↘
販売量の増加    自社ケイパビリティ
              への投資の増加
   ↖         ↙
   製品品質 or
   差別化の向上
```

たり、差別化やローコスト化につながったり、さらには新製品の開発につながり、さらに利益を押し上げるという好循環が働く（図表3-6）。

シーベルシステムズは、CRM（顧客関係管理）ソフトウェアベンダとして圧倒的なシェアをもっているが、そのため同社製品の機能向上のために潤沢な資金を投資することができ、結果として他のCRMソフト企業を寄せつけない地位を維持し続けている。同様の循環は、マイクロソフトにも、トヨタ自動車にも、エアバス・インダストリー社にも見出すことが可能である。

この循環は、現在、存在する企業であれば、きわめて一般的にもっているものであり、この循環が存在すること自体は当然なことであるが、それが強く働いているかどうかが問題となる。この関係は、研究開発費の販売額との対比や研究開発費の絶対額などにより見出すことが可能であろう。

シナリオとの関係では、自社がケイパビリティ投資の方向を誤らないかどうか、その意味で顧客ニーズが自社のケイパビリティ投資と同じ方向に向かうのかどうかが問題となる。この好循環は、知識・経験の獲得のように自然に発生する好循環ではなく、投資判断という舵とりが必要になる。その意味では危うい好循環であり、一旦、顧客ニーズの読み方を誤ると、好循環サイ

クルから離脱し、過去の優位を活かしきれなくなってしまう。

ブランド認知の獲得

　ブランド認知の好循環もまた、ごく一般的に見られる好循環関係である。人は購買対象について判断基準をもたない場合、他の人が買っているブランドを選ぶ傾向がある。「他の人が選択している＝他のブランドより優れているに違いない」と考えるからである。

　ある事業での先行者は、後発の競合と比較してブランド認知を得やすい。最初に事業を開始した事業者であれば、そのこと自体が話題となるため、特にその事業と結びついたブランドイメージを確立できるであろう。

　ある新しい事業が、製品やサービスの使用体験などとともに、人づてに広がっていくのはよく見られることである。この好循環が働く仕組みは、顧客が自社の製品やサービスを購入することにより、既存顧客ベースが広がり、その顧客ベースが大きいことを認知したり、その顧客ベースから説明を受けたりした新たな顧客がさらに自社の製品・サービスを購入する、という関係になっている（図表3-7）。

図表3-7●ブランド認知の獲得による好循環

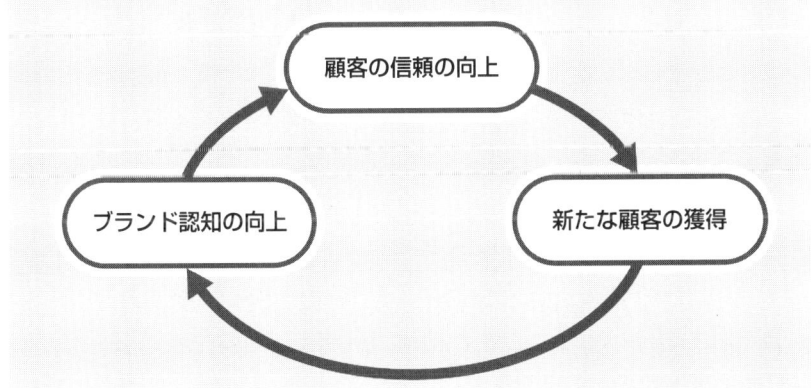

ブランドに関する好循環は顧客に対するものに限られない。例えば、エイベックスはタレントから見てもブランドとして機能しており、エイベックスから音楽を発売すれば現代的で一流というイメージがタレントやタレントの所属事務所の間にも働き、これがさらによいタレントをひきつけ、それによって他のタレントも契約を希望するという好循環が生じていると考えられる。このように有名な企業が優秀な人材を獲得するのは、業界を問わず見られる現象である。

　ブランド認知の好循環がもたらす優位性は、比較的弱い。なぜなら、ブランドという曖昧な存在を媒介としているからであり、後発者がセンセーショナルな製品を発売したり、広告・宣伝を行ったりすることにより、この好循環関係に比較的容易に対抗することができるからである。ただし、Yahoo!やAmazon.comなどのように、好循環の結果としてブランドが資産化し、ブランド優位を長期間確立できる場合もある。

　したがって、シナリオとの関係では、競合の行動などによりこの好循環が遮断されるかどうか、あるいは好循環の結果としてブランドを確立してしまえるかどうかが問題となる。

まとめ方：インフルエンス・ダイヤグラム

　いままで述べてきた好循環関係は典型的なものであって、これ以外にも好循環は存在するだろう。また、好循環はそれぞれのビジネスに特有なもので、上記の典型的な好循環に属すると考えられるものであっても、その詳細は個々の企業ごとに異なっているものである。

　この好循環関係の表示には、インフルエンス・ダイヤグラムを用いると便利である。現在生じている好循環を構成する様々な要因を矢印で結ぶことによって、好循環が生じる関係を表示する。一つひとつの要因は、「顧客数の増大」「ブランド認知の増大」などの変動要素であって、要因の名称のみならず変動の方向も同時に示すとわかりやすい。変動要素のなかには「売上増大」「製品あたり人件費の減少」など、会計上の項目を書き加えると、次に

示すファイナンシャルモデルへの繋がりが明確になる。また、矢印のかたわらにもその関係が機能する前提条件や、その関係が終焉する条件などを書き添えるとよい（図表3-8）。

そのうえで、これをシナリオごとに検討することになる。インフルエンス・ダイヤグラムをシナリオの環境と照らし合わせて、将来ともこの好循環関係が機能し続けるかどうかを検討する。

注意すべきは、好循環関係が機能するかどうかの択一ではなく、環境によっては強く機能したり弱く機能したりすることがありうること、特定のシナリオにおいてある事象が出現するまでは機能し、それ以降は機能しないということがありうること、また各典型的な好循環の個所でも述べたが、好循環関係は環境が変化しなくても好循環関係自体に内在する原因で、いずれ終焉を迎える可能性があることである。

図表3-8●典型的なインフルエンス・ダイヤグラム

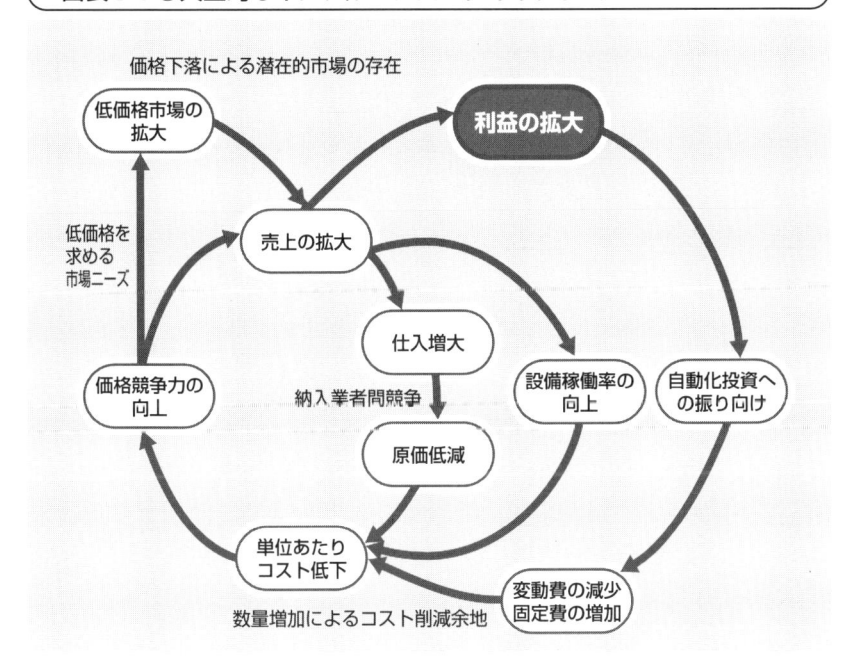

価格下落による潜在的市場の存在
低価格市場の拡大
利益の拡大
低価格を求める市場ニーズ
売上の拡大
仕入増大
納入業者間競争
設備稼働率の向上
自動化投資への振り向け
価格競争力の向上
原価低減
単位あたりコスト低下
数量増加によるコスト削減余地
変動費の減少 固定費の増加

4 ファイナンシャルモデル

　ファイナンシャルモデルとは、ビジネスの全体像を財務諸表の形式で表現したものである。ファイナンシャルモデルは、静的なビジネスモデルと動的なビジネスモデルを用いて、将来自社が受けるビジネスモデルの影響分析を数値として表現したものである。静的なビジネスモデルでも、動的なビジネスモデルでも、その分析は定性的なものであり、収支やキャッシュフロー（資金調達を含む）、さらに企業価値へのインパクトを見ることはできず、数値的な観察はファイナンシャルモデルを作成してはじめて可能となる。

　その一方、最初からファイナンシャルモデルを作成するのは難しく、その前提として定性的な分析が必要である。したがって、ファイナンシャルモデルは、静的なビジネスモデルと動的なビジネスモデルの両方の検討を行った後に行うべきものである。

　さらに、ファイナンシャルモデルを作成するためには、自社と競合他社との相対的優位性を把握するため、競合がシナリオから受ける影響を見極めなければならず、したがって、実際には次節に述べる競合分析を行った後に、ファイナンシャルモデルを作成するようにしたほうがよい。

　従来のシナリオ・プランニングでは、ファイナンシャルモデルの作成は奨励されてこなかった。しかし、筆者たちは、これをできるだけ行うことが望ましいと考えている。ファイナンシャルモデルを作成することは、シナリオを1回的な戦略策定のみならず、中・長期の経営計画などの定期的な社内計画プロセスに応用することにも役立つ。後述するように、シナリオを中・長期の経営計画に埋め込むことは、日本のマネジメント慣行においては、シナ

リオを組織知として定着させるうえでも特に有効である（第5章第1節）。また、環境変化の自社へのインパクトを数値的に把握しておくことは、単なる直感によって把握しておくより正確であるばかりでなく、自社の財務諸表上に現れた変化から、環境変化を類推するというシナリオ・プランニングとは反対の推論学習にもつながる可能性をもっている。

まとめ方：損益計算書とキャッシュフロー計算書

❖ 作成する財務諸表の種類と意味

　ファイナンシャルモデルの分析においては、シナリオの展望期間に対応した期間分の損益計算書とキャッシュフロー計算書を作成する。貸借対照表は、通常作成しなくてもよいが、シナリオの期間内に資産の大きな変動が予想される場合には、作成したほうがよいだろう。

　損益計算書とキャッシュフロー計算書は別個に作成するのではなく、損益計算書に非キャッシュ科目を加減することによりキャッシュフローを得ることで十分であるし、そのほうが一覧表として見ることができて便利である。また、当該年度のキャッシュフローのみならず、キャッシュフローの累積値を計算する欄を設けるとよい。

　戦略策定は、株主価値を最大化するために行うべきであるから、この計算の基礎となる将来キャッシュフローを見ることは当然であろう。展望期間の後の期間の継続価値に何らかの前提を置き、将来のフリーキャッシュフローを割り引くことにより、事業価値を求めることができる（シナリオと企業価値との関係については、第6章第1節を参照）。また、キャッシュフローの累積値を見ることによって、現在と比較した将来の資金ニーズを見ることができる。

　本来、戦略に関する判断は、損益ではなく将来の企業価値の増減に基づいて行うべきであるが、やはり将来の損益を見ておくことも欠かせないであろう。短期的な損益を犠牲にしても事業価値を向上させるという判断をとるに

際しては、株式市場や債券市場に対してかなり綿密な説明を要するわけであり、経営者としては、短期的な利益と長期的な企業価値とを両立させられるような戦略の策定を望むのが通常だからである。

❖　ベースケースの作成

　最初にベースケースを作成するとよい。ベースケースと呼べるシナリオが存在する場合には、それを利用して作成する。

　ベースケースとは、環境に大きな変化がなく、現状のトレンドが将来も継続すると仮定したケースである。中期経営計画など、社内的にオーソライズされた計画がある場合には、それを利用してもよい。ベースケース・シナリオが存在せず、すべてが現状とかなり異なるシナリオを作成している場合には、現状のトレンドがそのまま推移した場合のケースをファイナンシャルモデルのために作成し、それをベースに各シナリオへと発展させる方法がわかりやすい。

　売上については、現状のトレンドにおいて産業や顧客セグメントが成長ないし衰退しているようであれば、まずシェアを固定して、その成長ないし衰退に応じて自社の販売を増減させる。そのうえで競合他社との相対的優劣のトレンドを勘案してシェアを増減させていく。

　費用と投資は自社においてコントロール可能であるから、売上に対する合理的な前提を置いて計算していく。売上が伸びれば相応の投資を行うことを前提とすべきであるし、売上が減少すれば相応の投資を減少させたり、余剰資産を売却したりする。

　当然のことながら、売上に直接関係する資産（店舗など）を売却すれば、さらなる売上減少につながるため、それを織り込まなければならない。また、余剰となる資産（例えば工場）の売却は自社の都合どおりに進むとは限らないので、ある程度のディスカウントを考慮した数字（想定される売却価格より低い価格）とすべきである。場合によっては、閉鎖ないし売却する資産を見極めるため、セグメントごとにシミュレーションを行ってみる必要がある。例えば、売上が一律30％低下し、どの店舗を閉鎖・売却すべきかを判断する

ような場合である。

　ファイナンシャルモデルにおける勘定科目は、財務会計で使用する科目のように詳細なものを必要としない。シナリオによる影響が明らかになる程度の詳細さをもって設計されれば、それで十分である。反面、収入は、環境変化による影響が異なるセグメントごとに表示される必要があり、通常、販売数量と単価に分けて記載される必要がある。費用は、人件費、設備維持費など、投入される資源の種類ごとに分かれていれば十分であるが、どの費用が固定費で、どの費用が変動費なのかは明確に区別される必要がある。

　作成の形式としては、特にこれでなければならないというものはないが、マイクロソフト・エクセルなどの表計算ソフトで作成すると便利である。縦軸（行）にセグメントごとの売上や各種費用などを通常の損益計算書の順に配置し、横軸（列）に年次・年度を配置していく。

　損益のボトムライン（利益）の下にキャッシュフロー計算項目を配し、さらにシナリオにおける事象を箇条書きにできる欄を設ける。こうしておけば、後に他のシナリオにはそれを別シートにコピーして、シナリオによる差額分だけを変化させていくことが容易となる。

❖　収入・費用コンポーネントごとの企業価値感度分析

　ベースケースの損益とキャッシュフローを計算したら、将来のキャッシュフローを割り引くことにより、企業価値を計算してみるとよい。そして、売上全体、顧客セグメントごとの売上、売上成長率、単価、粗利益、主要なコストなどごとに上下に1％ずつ数値をずらして企業価値がどう変動するかを観察してみる。

　こうすることによって、収入コンポーネント、コストコンポーネントごとの企業価値への影響が判明する。さらに、それぞれの収入コンポーネント、コストコンポーネントが外部環境とどのように結びついているのかを静的なビジネスモデル、動的なビジネスモデルの分析、さらに競合他社分析の結果から理解するのである。こうすることによって、外的事象が自社に与える数値的インパクトを把握することができる。

❖ **各シナリオへの適用**

　最後に、ベースケースを改変して各シナリオにおける損益計算書とキャッシュフロー計算書を作成する。繰り返しになるが、重要なのは、環境面において発生する事象がどのように損益に影響するのかを見極めることである。

　このときに適当な前提を置くことになる。例えば、シナリオ中における環境において顧客が離脱すると予想する場合には、どの程度の離脱が起こるかという合理的な前提を置く必要がある。前提が「合理的」であるためには、そのためのリサーチが必要である。例えば、外国で先行的にその環境が実現されている市場における離脱の程度とスピードからの類推、他の市場における類似現象からの類推などである。時間がある場合には顧客のフォーカスグループインタビューや質問票調査などを行ってもよい。

　各シナリオは、比喩的にいえば、将来起こりうる未来の範囲の一番外側に位置するように作られているから、環境の影響を数字に転換する際の前提も、合理的な範囲で、ある程度大胆なものを採用するようにすると、各シナリオのインパクトを把握しやすくなるだろう。この合理的な前提を置くための調査プロセスは、多くの場合、将来の環境の影響を把握するためにさらなる有益な情報をもたらす。ファイナンシャルモデルを作成する利点のひとつは、定性的な分析においては見落としていたような子細な情報に目を向けざるをえなくなり、環境変化への理解がさらに進むことである。

5

競合他社の分析

　競合他社が、自社と異なった影響をシナリオから受ける場合には、自社との相対的な競争優位性が変化することになる。したがって、自社ビジネスモデルと各シナリオにおける自社ビジネスモデルの影響を分析するのと同時に、競合他社がシナリオによってどのような影響を受けるかを分析しておかなければならない。

　この競合他社の分析は、シナリオ・プランニングを行うプロセスにおいては、自社ビジネスモデルの検討と同時並行的に行い、自社ビジネスモデルのうちファイナンシャルモデルを作成する際のインプットとして使用する。したがって、ファイナンシャルモデルは、概念的に自社ビジネスモデルに含まれるために第4節で述べたが、実際に行う順序としては、本節で扱う競合他社分析の後に行う必要がある。

競合とは誰か？

　競合の分析を進めるにあたって、まず競合とは誰のことなのかを考えなければならない。通常、競合とは同一産業に属する企業であり、それがどの企業なのかは明白に認識されている。しかし、ここで注意を要するのは、シナリオによる環境の変化によっては、いままでは直接の競合と考えていなかった企業や新規参入企業が、競合として立ち現れることがあるということである。

　つまり、競合の範囲は現在の直接の競合のみならず、シナリオの環境が実現した場合に競合となりうる可能性がある企業をも含んでいなければならず、

したがって、通常の戦略策定における競合分析よりも広めの範囲設定を行わなければならない。

新たに参入してくると考えられる企業は、シナリオにおける環境変化の内容によって異なる。しかし、共通に見られる参入企業の類型としては、次のような企業が考えられる。

第1に、自社の所属する産業と類似ビジネスプロセスをもつ企業や、自社の産業に利用可能な資産と能力を有する企業である。ファーストリテイリングは、同社の衣服の輸入・販売プロセスを中国産野菜の輸入・販売に応用すると発表している。和光堂は乳幼児用離乳食の製造ノウハウを高齢者用流動食に応用してシルバー市場に参入した。

第2に共通の顧客をもつ企業である。イトーヨーカ堂は、金融の規制緩和を利用して、同社の店舗を利用する顧客に向けて銀行業に参入している。添加物を使用しない冷凍食品の製造流通企業であるシュガーレディは、添加物の使用に敏感な同社の顧客向けに化粧品の販売を開始した。

第3に、同一の産業内にある自社の供給者や顧客が、前方ないし後方統合して自社の競合となる場合である。完成品のOEMの納入業者は、常に自社ブランドで市場に参入する可能性がある。多くの日本の電気メーカーは米国市場にOEMとして参入した後に自社ブランドをスタートさせているし、船井電機はかつてOEM供給専門の電機メーカーだったが、現在では自社ブランドでの製品販売も行っている。

第4に海外の同業企業であって、日本の企業よりも大きな規模の経済や、強力なコアコンピタンスをもつ企業である。

戦略グループの考え方

同一産業内における競合他社の数が限られていれば、それらの企業を一つひとつ検討すればよく、それらの検討の総体が、すなわち産業全体の検討ということができる。しかし寡占的な市場でもなければ、競合他社を1社ずつ検討していくというのは非現実的であろう。

では、どうすればよいのかというと、同じビジネスモデルをもつ企業を、グループとして検討することである。同じ戦略を採用しているグループのことを、マイケル・E・ポーターは、戦略グループと呼んでいる。本書におけるビジネスモデルの考え方が必ずしも意図的な戦略に基づくものに限らないことは前述したとおりであるが、一般的な呼称である戦略グループの語を用いて差しつかえないだろう。

本書巻末で例に用いている一般用医薬品（店頭薬）の業界では、自社で薬局・薬店まで配送し中間流通業者を使用しないグループ（大正製薬、エスエス製薬など）と、中間流通業者を使用しているグループ（武田薬品工業、三共など）とがある（チャネルの相違）。また、主として医療用医薬品を扱う企業（武田薬品工業、三共、エーザイなど）と、一般用医薬品が主である企業（大正製薬、大塚製薬、興和など）とが存在する（製品範囲、資源配分の相違）。これらの区分の組み合わせによって4つの戦略グループに分けることができる。

戦略グループは、小さなビジネスモデルの相違に着目した場合、いくつでも作り出すことが可能である。例えば、主として店頭薬を扱い中間流通業者を利用するグループのなかにも、提供する製品が漢方薬系の企業（ツムラなど）と、そうでない企業（武田薬品工業、三共など）が存在する。

したがって、戦略グループを定義するにあたっては、シナリオ・ドライバーあるいはそこから導かれるシナリオ中の事象や環境変化にとって、意味があるビジネスモデルの相違に着目しなければならない。

競合のビジネスモデル分析

競合ないしその戦略グループについても、基本的には自社のビジネスモデル分析と同様の分析を行ってみるとよい。競合についての情報は、通常、自社の情報と比較して限定されているが、様々な情報源から競合の情報を集めることができる。

公開企業である場合は、有価証券報告書や年次事業報告書などを出してい

るので、主だった競合のものは入手するようにする。

競合のウェブページには戦略や組織などが紹介されている場合もある。組織は、それを軸に資源配分を行おうという意思の表れであるから、欧米の企業は秘匿しているところが多いが、日本企業のほとんどが組織図を掲載している。組織が図上に現れる順番にも着目すべきで、通常その企業において重要だと考えられている組織ほど先に書いてあるものである。これは、特に日本企業が社内の「格」を重んじる結果、外向けの情報にもそれを反映してしまう傾向があるからである。

また、顧客やチャネルには多くの場合戦略を語っているものであるから、自社と共通の顧客やチャネルがある場合には、それらにインタビューを試みるとよい。業界誌などからも競合の情報を入手できる。

その他、過去の新聞・雑誌検索などはオンラインで行うことができるので、競合に関する記事はシステマチックに集めてみるべきである。

図表3-9●競合のビジネスモデル分析のまとめ方

		自社モデルの概要	戦略グループAのモデル	戦略グループBのモデル	戦略グループCのモデル
顧客セグメント					
提供価値					
価値提供方法	ビジネスプロセス				
	依存技術				
	チャネル				
	ソーシング関係				
	資源配分				
	コアコンピタンス				

以上のような情報ソースから収集した情報を、主に静的なビジネスモデルに当てはめてみることにより分析する。動的なビジネスモデルに関する情報は想像の域を出ないであろうが、できるだけ作成したほうがよい。これらを図表3-9のように戦略グループごとに、またシナリオごとに整理して、比較可能な形にするとわかりやすい。

　各競合や戦略グループを特徴づけるビジネスモデル上の違いは何か、それはシナリオによってどのような影響を受けるのか。シナリオによって新たに出現する競合や戦略グループは存在するのか、それは、どのような特徴を有するのかについても、検討を行う。

　特に、環境変化が自社のビジネスモデルに与える影響については、競合他社も同様の影響を受けるのか、異なった影響を受けるのかについては、きちんと整理しておく必要がある。異なった影響を受ける場合には、それによって産業内のシェア構造が変化することになるからである。競合あるいは戦略グループごとの、現在の売上高やシェアを知ることができる場合には、まとめておくとよい。

⑴　Wack, Peter "Scenarios : Uncharted Waters Ahead", *Harvard Business Review*（Sep.-Oct. 1985）
⑵　キース・ヴァン・デル・ハイデン著『シナリオ・プランニング――戦略的思考と意思決定』（ダイヤモンド社、1998年）
⑶　ドン・タプスコット他著『bウェブ革命』（インプレス、2001年、15ページ）
⑷　ネットワークに接続するノード数をnとするとノード間の組み合わせはn(n－1)となり、ほぼnの2乗に等しいことに由来する。

CHAPTER 4

シナリオ・プランニングにおける戦略策定

自社ビジネスモデルを分析し、そのシナリオにおけるインパクトを検証したら、それを前提として戦略の策定を行う。シナリオ・プランニングを用いた戦略策定が通常の戦略策定と異なる点は、ひとつの公式の未来を前提とするのではなく、複数の未来を前提としていることである。

　複数の未来を前提として、どのように戦略策定を行ったらよいのだろうか。前述したが、実は、この問題に関する議論は、シナリオ・プランニングの手法のいままでの発展過程においても十分に議論されてきているとはいいがたい。

　シナリオ・プランニングの手法確立に大きな貢献をしたロイヤルダッチ・シェルのプランナーたちは、シナリオを戦略策定の道具としてよりも、組織学習の道具として位置づけてきたことは、前述のとおりである（第1章第2節）。したがって、彼らの著作物は、どちらかというとシナリオの作成や、シナリオから自社が受ける影響の分析と組織学習に重きが置かれており、シナリオを利用した戦略の策定に関する著述は限定的である。

　筆者たちは、シナリオ・プランニングとともにリアルオプションに関するプロジェクトに従事してきた。そして、このリアルオプションの背景にある考え方をシナリオ・プランニングの戦略策定に応用できると確信している。このような考え方から、後述するように意思決定のタイミングに関する4つの基本戦略という考え方を用いている。

　本章では、まず、複数の未来を前提とした戦略構築の基本的な考え方を述べ、各シナリオに対する戦略策定やビジネスモデル構築の考え方について述べることとする。その後に、各シナリオに対する戦略を統合するために、シナリオ・プランニングにおける戦略策定独特の考慮事項である意思決定のタイミングについて見ていくこととする。そして最後に、意思決定の引き金となる環境に関する情報を取得する仕組みについて述べる。

1 シナリオ・プランニングにおける戦略策定の基本的な考え方

　シナリオ・プランニングにおける戦略策定が、通常の戦略策定[1]と異なっている点としては、複数の未来を前提としている点があげられる。このような複雑な前提に立って、戦略策定をマネージし、最も実り多いものにするにはどうしたらよいのだろうか。

　これに対する筆者たちの回答は、まず各シナリオに対する戦略策定を行い、その後に各シナリオに対する戦略を、最も有利だと考えられる方法で統合するということである。この方法は、多少面倒に思えるかもしれない。各シナリオの戦略は最終成果物である統合された戦略とは異なり、中間生成物であって、だとすれば最初から統合された戦略の策定を行えないものかとも考えられるからである。

　しかし、シナリオ・プランニングを何度も試みると、この戦略策定方法が最も望ましいことがわかる。それは、以下のような理由による。

① 方法論的わかりやすさ：必要なすべての素材を用意したうえで、それを統合して戦略を作り上げるというステップは、複数の未来を透視するという複雑さをマネージするうえで、最も理解しやすい。まず環境側を固定して戦略を策定しないと、戦略の依拠する環境が曖昧となり、その結果プロセスがきわめて複雑なものとなって、戦略の品質に影響しかねない。

② 戦略策定の網羅性：シナリオ蓋然性などから特定のシナリオを選択し、それに対して戦略を策定した後に、他のシナリオが出現した場合の負のインパクトを分析する方法（リグレット分析）もあるが、せっかく作成し

た他のシナリオ（しかも作成の方法論からして実現の可能性のあるシナリオ）に対する戦略を策定せずに終了してしまうことになり、将来、現実にそのシナリオが実現した場合、迅速な対処を行えない可能性がある。

以下、各シナリオにおける戦略策定での注意事項と、それらを統合する際の意思決定タイミングに対する配慮を見ていく。

2 各シナリオにおける戦略策定

　まず、各シナリオに対して戦略を策定していく。各シナリオにおける将来環境はそれぞれのシナリオにつき1個で固定されているから、シナリオに対する戦略策定は通常の戦略策定作業と変わらないように見える。しかし、その時間的な視点は大きく異なっているといえるだろう。

　伝統的な戦略策定では、視点は現在から将来に向けられる。過去のトレンドや新たに発生しつつある事象から、将来の環境を予測し、それに対して戦略を策定していく。しかし、シナリオ・プランニングを用いた戦略策定では、将来はすべて既知のものとなっているという前提に立つから、将来から現在を見て、現在何をすべきなのかを考えるわけである。そのイメージを図表4-1に示した。これは従来の戦略策定方法からみると、大きな考え方の転換ということができるであろう。

　シナリオ・プランニングにおける戦略策定は、シナリオという企業の外部環境に力点が置かれるため、従来の戦略策定と比較して環境ドリブンなものとなりやすい。これは、シナリオ・プランニングの利点でもあり欠点でもあるだろう。

　従来、日本企業の戦略策定は、環境の考慮をあまりしてこなかったのではないだろうか。多くの企業で中期経営計画を見せていただくと、環境に対する分析を十分に加えないまま、計画を策定していることが多い。シナリオは、環境、それも将来の環境に目を向けさせる点で、いままでの悪い慣習を打破する力をもっている。

　しかし、環境に目を向けるあまり、環境の変化のみに目を奪われて自社の

図表4-1 ● シナリオ・プランニングにおける戦略策定

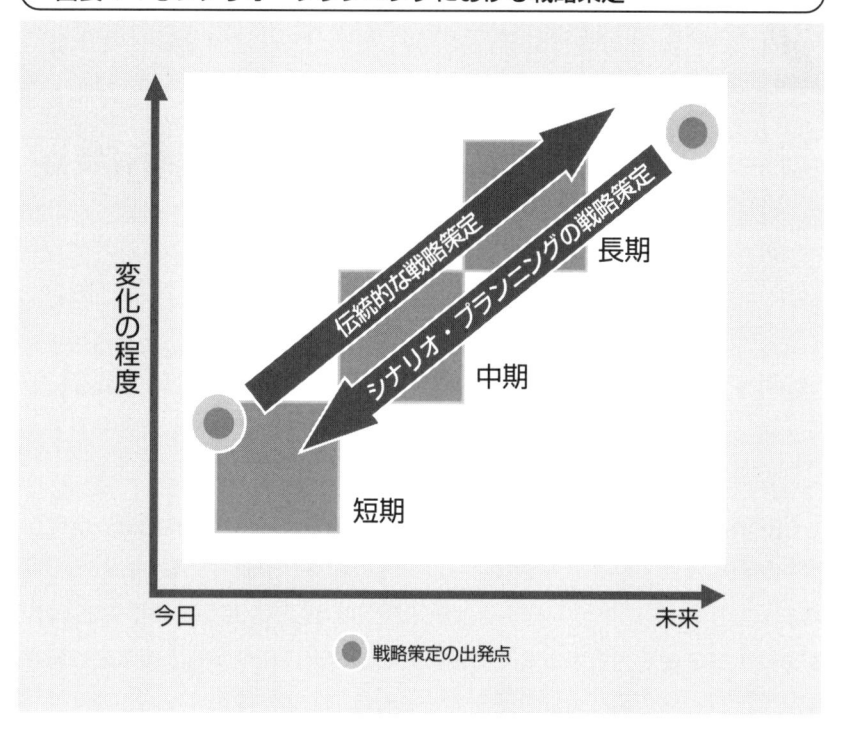

（図：縦軸「変化の程度」、横軸「今日→未来」。短期・中期・長期のボックスが対角線上に配置され、「伝統的な戦略策定」の矢印が未来方向へ、「シナリオ・プランニングの戦略策定」の矢印が今日方向へ描かれている。●戦略策定の出発点）

ケイパビリティや競争優位性の検討を怠ることになってはならない。実際には、例えば急激に成長するセグメントが存在する場合に、そのセグメントに背を向けるプランを作成することは、企業の経営企画部門にとってきわめて難しいことである。しかし、インターネットプロバイダ事業やADSL事業など多くの事例が物語っているように、単に成長する顧客セグメントであるとか、成長する製品であるからという理由で安易に参入すると、自社の将来を危うくしかねない。

戦略が本当に機能するためには、環境側のみに目を奪われず、自社の価値提供の仕組みや能力と戦略との整合性にも目を向けなければならない。

また、シナリオ中の環境において、競合他社のとるであろう行動にも注意する必要がある。例えば、衰退する顧客セグメントであるとか、衰退する製

品であるとかという理由で、直ちに市場から撤退するとしたら、安易にすぎる。衰退市場は、誰もが投資を差し控えるため、かえって魅力的な市場と化す可能性があるからである。ベネッセコーポレーションは、少子化によって衰退していく幼児・児童教材市場で大きな成功を収めているが、これは従来の覇者である学研や小学館が市場の衰退を目の当たりにして新たな革新を行わなかったため、ビデオ教材など新たな媒体を使用した教材が出現しなかったことが、同社にとって魅力的な参入機会をもたらしたからである。

　競争優位を検討するうえで重要なのが、ビジネスプロセスやコアコンピタンスなど"静的なビジネスモデルにおける価値提供方法"である。新たな顧客セグメントへ参入する場合、既存の競合に打ち勝ってビジネスを行うことができるのか。衰退していく市場においても、利益を上げ続けることができるであろうか。それは、なぜなのか。自社の現在のビジネスプロセスは、これから参入しようとしている顧客セグメントや製品・サービスにおいても優位性をもち続けるであろうか。参入しようとしているビジネスは現在、自社が従事している産業や顧客セグメント、製品・サービスなどと、どの程度の共通性をもつであろうか。現在の資源配分方法は、新しい製品・市場にも通用するであろうか。自社のコアコンピタンスは新しい事業にも活かせるであろうか。これらのことが、競合他社との比較において検討されてはじめて、正しい戦略が形づくられるのである。

　現在のビジネスモデルが機能していることを前提とすれば[2]、将来の環境変化に対する戦略は大きく2つに分けることができる。①機会の利用と、②脅威の回避である。それらの分類と典型的な戦略代替案について順に見ていくこととしよう。また、そのいずれにしても、戦略には持続可能な競争優位が備わっていなければならないので、競争優位獲得方法についても述べる。さらに、シナリオ・プランニングの方法論上、一旦は環境（シナリオ）を固定するものの、戦略策定段階においては、自社が働きかけることにより環境側を変えることの可能性も検討する。

機会の利用

 シナリオにおける環境変化は自社のビジネスに様々な機会をもたらす。シナリオの環境によっては、現在の自社ビジネスモデルのままでビジネスを大きく伸張できると考えられる場合がある。この場合は、現在のビジネスモデル自体は大きく変更せず、さらなる機会の有無を探索することとなる。
 戦略の策定にあたって特に考慮が必要なのは、自社のビジネスモデルの周辺に、現在のビジネスモデルを大きく変更しないで対処可能なビジネス機会が存在していないかどうかということである。このためには、自社のビジネスモデル分析よりも広い分析を行う必要があるだろう。シナリオの環境に照らして、自社ビジネスモデルの周辺領域のビジネス機会を探索してみる必要があるわけである。その際には特に静的なビジネスモデルのなかの顧客と提供価値に注目してみる必要がある。環境の変化によって新しい顧客セグメントが出現し、成長しないだろうか。顧客は新たな提供価値（製品やサービス）を欲しないだろうか。もしそうだとすれば、それらの顧客セグメントや製品・サービスに参入、あるいは力点を移すことによって、大きな成長機会、収益性改善機会が得られることになる。
 ただし注意が必要なのは、前述したように成長産業やセグメントに参入したからといって、必ず成功するとは限らないことである。シナリオ・プランニングを用いて将来環境を予測し、それに対する戦略を策定していれば、競合他社より早く成長産業、顧客セグメント、製品に参入することが可能かもしれない。しかし、自社の参入の後に自社よりも大きな経営資源をもつ企業が参入したり、同業他社も次々と参入したりする場合、魅力的な産業ないし顧客セグメントではなくなってしまう可能性がある。
 いわゆるマーケット・リーダーの戦略は、新たな顧客セグメントや技術を自ら開拓することをせず、競合他社がそれを開拓してその機会が本物だとわかった後に圧倒的な経営資源をもって参入するという、後発者利益に支えられている。かつて、IBMやトヨタ自動車は新技術の研究は熱心に行っていたが自ら進んで新技術を市場投入せず、他社が市場で試みた後に、その成り行

きを見極めて製品を投入していた。反対に、前述したカンキョーにはこの点の考慮が欠けていた（第2章第2節）。インターネットプロバイダ業界も初期の段階では、自ら回線を所有しない事業者（第2種電気通信事業者）によって形成されたが、本格的な市場拡大がはじまると回線所有者であるNTTコミュニケーションズや日本テレコムなどが低価格で参入し、ビジネス用セグメントを中心とした分野で圧倒的なシェアを占めた。米国における研究によれば、急成長する産業においては、特に過剰な参入と投資を招くことが指摘されている。

これらのことから、先行的に参入するには、先に参入したことが自社に有利に働く仕組み、つまり先行者利益が存在しなければならず、そのためには動的なビジネスモデルによる競争優位が獲得可能であるとか、何らかの有限な資産を先占できるなどの条件が必要となるのであり、その検討を行う必要がある。

脅威の回避

自社のビジネスモデルの分析からは、機会よりもむしろ脅威を見つけ出す場合が多いだろう。それは実はシナリオ作成のうえで、自社に対するマイナスのインパクトをプラスのインパクトよりも重大なものと見がちだからであり、したがってシナリオ自体が、自社に悪い影響を与えることを想定して作られていることが多いからである。

脅威は、大きく2つに分類できる。産業全体の衰退と、産業内における競争優位の低下である。

❖ 産業全体の衰退

まず、産業全体の衰退を検討しよう。産業全体の衰退への対処方法としては、次の3つのオプションがある（図表4-2）。

①衰退していく産業においてシェアを拡大する。

図表4-2●環境変化の分類と典型的な戦略代替案

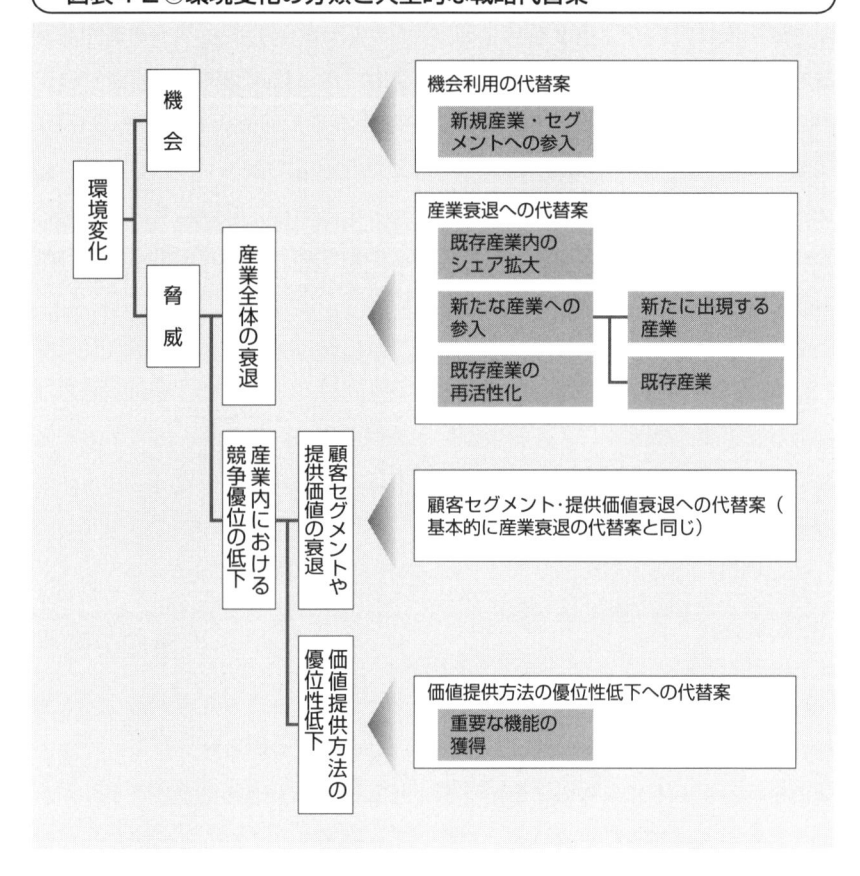

```
                    ┌─ 機会 ──────────────▶ 機会利用の代替案
                    │                         ┌──────────────────┐
                    │                         │ 新規産業・セグ    │
                    │                         │ メントへの参入    │
                    │                         └──────────────────┘
環境変化 ─┤
                    │                       産業衰退への代替案
                    │         ┌─ 産業全体の衰退 ──▶ ┌──────────────┐
                    │         │                      │ 既存産業内の │
                    │         │                      │ シェア拡大   │
                    │         │                      ├──────────────┤   ┌──────────────┐
                    │         │                      │ 新たな産業への│──▶│ 新たに出現する│
                    │         │                      │ 参入          │   │ 産業          │
                    │         │                      ├──────────────┤   ├──────────────┤
                    │         │                      │ 既存産業の   │──▶│ 既存産業     │
                    │         │                      │ 再活性化     │   │              │
                    │         │                      └──────────────┘   └──────────────┘
                    └─ 脅威 ─┤
                              │  産業内における競争優位の低下
                              │         ┌─ 顧客セグメントや提供価値の衰退 ──▶ 顧客セグメント・提供価値衰退への代替案（
                              │         │                                     基本的に産業衰退の代替案と同じ）
                              │         │
                              │         └─ 価値提供方法の優位性低下 ──▶ 価値提供方法の優位性低下への代替案
                              │                                          ┌──────────────┐
                              │                                          │ 重要な機能の │
                              │                                          │ 獲得         │
                              │                                          └──────────────┘
```

②新たな産業に参入する。

③産業自体を再活性化する。

衰退産業におけるシェアの拡大

　通常、産業が衰退しはじめると産業全体が設備過剰に陥り、価格競争が激化して、販売量と価格ともに魅力のない産業に陥っていくと考えがちである。確かにそういう産業は多いが、一概にそうともいえない。衰退している産業であっても、競争をうまくマネージできれば、収益性を確保し、しかも競合

を退場させることによってシェアを伸ばして成長することすら可能である。

　衰退産業において競争を緩和するためには、競合他社の修理部品供給を引き受けたり、事業買収を提案したりして、競合他社の撤退障壁を低くし、退場しやすい条件を整えてやることが必要である。競合他社が単一業種の企業ではなく多くの業種をポートフォリオとして抱えており、しかも問題となっている業種が業界第1位や第2位の事業ではない場合には、この提案は受け入れられやすい。

　最近では、化学や電気機器などの産業において、産業自体の衰退に伴って事業の売買が発生し、少数のプレイヤーに集約されていくことが多くなっている。したがって、衰退していく産業においてシェアを拡大することは、非現実的なオプションではなくなっているのだ。産業内において、現在・将来とも高い競争優位を保持し続けようとするのであれば、積極的に他社を退場させる戦略に出るべきである。新たな産業への参入は、それほど容易なものではないからである。

新たな産業への参入

　既存の産業が衰退していくため、成長の機会を求めて新たな産業へ参入するにあたっては、その産業における既存の競合企業に対し、どのような競争優位をもつことができるかを検討する必要がある。競争優位の発現方法については、後述する。しかし、新産業分野への参入方法としては、大きく分類して2つの場合があるだろう。まったく新たに出現する産業に参入する場合と、既存の他の産業に参入する場合である（図表4-2）。

　参入先がシナリオ中の環境において出現するまったく新しい産業である場合、先行者利益のすべてが機能する可能性がある。したがって、他社より先に新しい産業に乗り込み、これを開拓していけば、パイオニアとしてのブランドイメージ、経験の獲得、他社より先んじた規模の経済の獲得などを行うことは比較的容易であろう。

　問題は、すでに存在する産業に参入する場合である。ここでは、すでに先行者が存在するため、自社における他の事業と結びつけるなどの方法で、そ

れらの企業に対してどのように競争優位を築いていくかを検討しなければならない。ただし、先行者が存在することは悪いことばかりではなく、その産業が収益性ある産業として成立することがすでに証明されていることや、その産業における主要成功要因がある程度明らかになっていることなどは、よいことといえるだろう。

産業の再活性化
　産業は、新たな市場の開拓、新製品の投入、新用途の開発、マーケティングの再活性化、政府刺激策などによって、再活性化させられる可能性がある。シナリオ・プランニングの弱点のひとつは、環境変化には抗うことができないものと考えてしまいがちになることであり、自社努力によって産業自体を変えていこうという視点を失ってしまう可能性がある。確かに、再活性化施策は、新産業への進出やシェアの拡大に比べれば「戦術」ととらえられるようなレベルのものかもしれない。しかし、その産業に留まる場合には、考慮されなければならないものである。

❖　産業内における競争優位の低下
　次に、もうひとつの脅威の形態として、すでに従事している産業内における競争優位が低下する場合について見ていく。
　産業内において競争優位が低下する場合として、自社のもつ顧客セグメントや提供価値（製品・サービス）との関係で競争優位が低下する場合と、価値提供方法、特に産業バリューチェーンにおける機能間の重要性が変化することによって、自社が有しない機能を保有する企業群との間で競争優位が低下する場合とが考えられる。

顧客セグメント・提供価値の衰退
　自社の顧客セグメントや提供価値との関係で競争優位が低下する場合は、上記の産業自体が衰退する場合と似た考察となるだろう。自社の従事する顧客セグメントが衰退していく場合や、その周辺に新たな顧客セグメントが出

現する場合、また将来高い成長を示す顧客セグメントがある場合などは、現在の顧客セグメントから異なった顧客セグメントへと軸足を移すことになる。

しかし、産業自体が異なるわけではないのであるから、いままでの競争優位の源泉を新たな顧客セグメントに活かすことは比較的容易であろう。ただし、いままであるセグメントに特化して集中戦略を採用していたのに、他のセグメントに進出することは、いままでの専門家としてのブランド資産を傷つけ、進出先へのブランドエクステンションも機能しないという「虻蜂取らず」の戦略となりかねず、顧客セグメント間の移動はそれほどたやすいものではないことは、肝に銘じるべきである。提供価値（製品・サービス）についても顧客セグメントと同様のことがいえる。

価値提供方法の優位性低下

次に、価値提供方法との関係で、産業バリューチェーン自体が変化したり、その機能間の重要性が変化したりすることにより、その産業での主要成功要因が変化してしまい、自社の価値提供方法では優位性を失ってしまうという場合について検討しよう。

価値提供方法に関する脅威は、様々なものが考えられるが、なかでも深刻なのは、必要な産業バリューチェーン上の機能を保有していないということである。

これに対処するため、シナリオごとに将来の産業の状況を予測することによって、産業バリューチェーンやその構成機能ごとの付加価値の相対的変化を推定することができる。将来の産業バリューチェーンにおいて現在にはない重要な機能が出現する場合や、現在の機能面における相対的重要性に変化が生じる場合には、対策を講じなければならない。産業バリューチェーン上の機能が重要かどうかは、以下の基準によって判断することができる。

①その機能が大きな付加価値を提供するか。
②その機能が参入障壁ないし戦略グループ間の移動障壁を提供するか。
③その機能が産業内の少数の企業によって保有されているか。

これらがYesの場合は、その産業バリューチェーン上の機能は重要であるということができる。

　産業バリューチェーン上重要な機能を自社が有していない場合には、その産業バリューチェーンの前提となっているシナリオが出現したときに生き残ることが難しい。したがって、この機能を獲得する戦略を策定することになる。例えば、ウォルト・ディズニー・プロダクションのCEO、マイケル・アイズナーは、「ケーブルテレビネットワークやインターネットなどのパイプは、ディズニーが入り込むのに十分な太さか、『子供は嫌い』などと宣言する人がパイプを支配していないか、こうしたことにディズニーは無関心ではいられません」[3]と語っている。これは、将来の産業バリューチェーン上の重要機能が、「パイプ」を提供するケーブルテレビやインターネットに移る可能性に対する脅威を表現したものであり、実際にディズニーは、総合テレビ局のABCをはじめ多くのケーブルテレビ会社の買収を積極的に進めている。

❖　参考：参入およびバリューチェーン上の機能の獲得方法

　新しい産業、顧客セグメント、製品に参入したり、産業バリューチェーン上の機能を獲得したりする方法は、大きく分けると、社内での立ち上げと買収の2つの方法がある。ここで、それらの方法を対比しておこう。

　事業やバリューチェーン上の機能を社内で立ち上げることの最大の利点は、買収におけるようなコストがかからないということである。その反面、事業の立ち上げに時間を要し、経験が不足していたり、既存の事業の文化やシステムが邪魔をしたり、参入障壁が存在したりすることによって、立ち上げ自体が挫折してしまう危険がある。将来環境上必要だからその取り組みをはじめたわけであり、挫折した場合のリスクは非常に大きなものとなる。

　新たな事業が既存の組織文化、システム、組織構造に制約されないように、既存企業のなかに独立した存在を作る社内ベンチャーは、社内での立ち上げの変形といえる。この場合、企業文化の切断はできるが、他の欠点については社内での立ち上げの場合と同じである。

これと比較して、買収という方法は、時間の節約につながる。買収は、企業が数年ではなく数週間のうちに確立したプレイヤーになることを意味している。さらに重要なのは、流通やブランド認知といった困難な参入障壁を克服できることにある。また、既存のシステムを買収するため、事業の立ち上げに挫折するというリスクもなくなる。その反面、当然のことながら、その事業の市場価値（将来の稼得の現在価値にほぼ等しい）にプレミアムをつけて買収せざるをえず、高くつく場合が多い（図表4-3参照）。

参入や機能の獲得にあたっては、これらの得失を考慮したうえで最善の方法を選択すべきである。

図表4-3●参入およびバリューチェーン機能の獲得方法

	社内での立ち上げ	買収
利点	●コストがかからない	●即座に事業や機能を獲得できる
欠点	●時間がかかる ●必要な経験が不足していることが多い ●既存組織の文化と新規事業・機能のCSFが合わないことがある	●買収プレミアムを支払わなければならない ●既存組織と買収相手との文化的な衝突が懸念される

↓
社内ベンチャーとして既存組織の文化から切断することで、ある程度回避できる場合がある

持続可能な競争優位の獲得

このようにして策定された戦略は、持続可能な競争優位を有していなけれ

ばならない。これは、きわめて当然のことであるが、前述したように環境ドリブンな戦略策定を行うと、競争優位性の検証を忘れがちである。ビジネスの魅力度が、業界の魅力度と業界内での競争優位性の関数であるという、一般に受け入れられている考え方によれば、競争優位をもてるかどうかは業界の魅力度と同様に重要であるはずである。

さらに、競争優位は持続可能なものでなければならない。持続可能性はどこから生まれるかというと、新たなビジネスを開始するために、競合他社が既存のビジネスを破壊しなければならないとか、動的なビジネスモデルのような好循環が働いていることによって、後発の競合企業が追いつけないという状況が存在しなければならないのである。魅力的な市場や顧客セグメントであれば、競合他社は必ず参入してくるものである。しかも優れたビジネスモデルは、コンサルタントや調査会社、報道機関によって常にベンチマークされている。

したがって、競合の模倣に対して何らかの耐性をもつビジネスモデルでなければ、真の競争優位にはならないわけである。

持続可能な競争優位の出現の仕方は実に様々であるが、従来議論されてきた競争優位の型を簡単に整理してみよう。これらを参考として、先述した機会の利用、脅威の回避戦略を策定しなければならない。

❖ 差別化

差別化は、提供する価値の内容自体の他、追加的な価値の付加、高品質の提供、ワンストップ・ショッピングなどの利便性提供などにより行うことができ、主に静的なビジネスモデルの提供価値の問題である。

差別化に成功するためには、顧客がその差別化を評価することが必要である。独りよがりな差別化は、当然のことながら行っても意味がない。既存の顧客セグメントの嗜好が変化していく場合、その嗜好にいち早く対応することによって、売上を伸ばすことができる。ただし、単純な差別化に対しては、競合による模倣が必ず行われることを念頭におかなければならない。

新たに出現した顧客セグメントがある場合、そのセグメントに対して有効

な差別化をいち早く実現することは、競争優位を生み出す。この場合、ブランド認知をいち早く獲得し、その顧客セグメントに対する知識を競合より先に集積しはじめることができれば、好循環によってその競争優位は持続可能なものとなる。

❖ ローコスト

ローコストでの価値提供が持続可能であれば、当然のことながら競合他社に対して優位性を有することになる。ローコストの源泉としては、製品・サービス自体の簡素化（これを、フリルのように余分なものがないという意味でノーフリルという）、安価な原材料、簡素な製品・サービス設計、優れた生産・流通プロセス、規模の経済の獲得や経験曲線の実行などによって達成することができる。

したがって、その源泉は静的なビジネスモデルの全要素に及ぶし、規模の経済や経験の獲得など動的なビジネスモデルも関係している。プロセスや資源を共通する既存ビジネスがローコストの基礎を提供する場合、新たに参入するビジネスにおいてもそれを利用できるのであれば、他の競合に対して優位に立つことができる。後述するように、既存セグメントとの間に共通点があり、既存ビジネスにおける遊休資産や生産・流通プロセスを使用できるのであれば、それらのビジネスの間にシナジーが働くことになる。

❖ 集中化

集中化は、静的なビジネスモデルの顧客と提供価値（製品・サービス）に関係している。特定の顧客セグメントや製品・サービスに経営資源を集中することによって、そのセグメントに対して高い参入障壁を築く戦略である。特に、経営資源が限定されている場合には有効な戦略である。特定のセグメントでのみ操業することにより、専門家としてのブランドイメージを確立することもできる。

シナリオにおける機会をとらえて、あるいは既存ビジネスへの脅威を回避するために、いままでと異なるセグメントに参入する場合、それがシナリオ環境

によって現れるまったく新しいセグメントであれば、動的なビジネスモデルにおける知識獲得やブランド獲得の好循環を開始することができるだろう。

しかし、それが既存セグメントであれば、そこに特化している企業の有無を確認し、そうした企業が存在するのであれば、その集中化の優位をどのように無力化するのかを考えなければならない。これは、簡単なようで実は非常に難しい。従来のセグメントが収益性を有する間に、新セグメントの既存企業とまったく同じビジネスモデルを採用し少しだけ値段を下げる（このような戦略は「コピー・キャット」といわれる）などの方法はよく行われる戦略であるが、結局価格感応度の高い顧客（つまりロイヤルティの低い顧客）をひきつけるだけで、競合の優位性を奪えないことが多い。

❖ シナジー

シナジーは、本来ローコストなどの一部にもなっているが、環境変化に応じて新たな産業や顧客セグメントへ進出する際にとりわけ重要であるので、別に記載しておきたい。シナジーは、典型的には共通の顧客（クロスセリング機会）による売上増加、共通のプロセスによるコスト削減、設備の共用による投資の削減などとして現れる。情報は複製しても価値の変わらない資産であるから、これを共有できる場合には強いシナジーが働く。例えば、日経グループは日本経済新聞社、テレビ東京をはじめとする様々なメディア企業で構成されており、グループの1社が取材した情報を様々なメディアで顧客に提供することによって、コストダウンとコンテンツの充実をはかっている。

経験を複数の産業間で共有できる場合には、複数の産業をひとつの好循環のなかに入れてしまうことができ、動的なビジネスモデルとしても有効である。ブランド認知など他の好循環関係も複数の産業で共通にもつことが可能であろう。

複数の産業間のシナジーを利用できるとすれば、持続可能性の高い競争優位を得られることになる。なぜなら、競合が同様のシナジーを得ようとする場合には、自社と同様の産業ポートフォリオを実現しなければならず、それは多くの場合、非常に難しいからである。

シナリオにおける環境変化に対応して、新規の産業や製品、顧客セグメントに参入する場合、既存の産業、製品、顧客セグメントとの間で、このシナジーが働くかどうかを検証することは重要である。注意すべきは、シナジーが働くと考えても実際には働かないことが多いことである。かつて製鉄企業や非鉄金属企業が製鉄所や製錬所の温排水を利用してウナギの養殖を行うことをもってシナジーと考えていたことなど、いまでは冗談のようにも聞こえるが、参入の当事者は真面目にそう考えていたのである。

❖ 先制

先制については、動的なビジネスモデルの個所で詳しく論じた（第3章第2節）。標準化、規模の経済の獲得、経験の獲得、ブランド認知の獲得など、変動要素間の好循環関係に競合他社よりも先に入ってしまうことによって、競争優位を獲得することができる。

好循環関係が存在しない場合であっても先制が有効な場合がある。有限な経営資源を先占できる場合などがこれにあたる。有限な経営資源としては、原料ソース（例：希土類金属など特殊元素の鉱山、特殊な陶土、産地限定の食品、原料酒やその醸造・蒸留業者、温泉の湯口権）、タレント（例：職人、研究者、歌手、作家、特殊な経営技能をもつ経営者）、提携先（例：特殊な技術やノウハウを所有する企業、チャネル）、ロケーション（例：店舗用地、自動販売機用地）、ブランドポジション（例：チョコレートにおけるミルキーさ）などがある。有限な資産が関係する場合には、比喩的にはビジネスは椅子とりゲームのようなものである。

日本マクドナルドは、駅前の好立地を先占しているため、競合はこれを避けて裏手などのロケーションにしか立地できなくなる。日本コカ・コーラは、かつては優良ボトラーを先占して日本ペプシコを寄せつけなかったし、近年は自動販売機設置場所を先占してしまっている。

シナリオにおける環境変化に対応して、新しい産業、製品、顧客セグメントへ参入しようとする場合、先制が功を奏するかどうかを検討しなければならない。ここで難しいのは、好循環関係は概念上設計できても、実際にどの

程度機能するのかは戦略を実施してみないとなかなか判定できないということである。したがって、ある程度の想定において検討を行う以外に方法はないだろう。

環境を改善する努力

　シナリオ・プランニングは、環境側（競争環境を含む）をシナリオとして固定したうえで自社の戦略を考えるという方法論である。しかし、自社と環境との相互作用がまったくないかというと、そうではないはずである。もし、不利なシナリオにおいて環境側を改善できるのであれば、それにこしたことはない。環境の改善は、多くの場合確実とはいいがたいが、環境に対処する戦略の策定・実行とともに検討し、実行してみる価値は少なくともある。

　まず、産業をとりまく環境を改善することを考えてみる。環境変化は大きく政治的環境（Political）、経済的環境（Economical）、社会的環境（Sociological）、技術的環境（Technological）に分けることができ、これをPESTと称することは前述したとおりである（第2章第3節）。

　このうち、経済的環境については、自社の働きかけによって改善するということは、きわめて難しいだろう。景気の動向を自社だけでどうにかすることは、とうていできそうもないからである。

　政治的環境については、規制に関する政府公聴会への意見提出や、業界団体を通じての広報活動、監督官庁への働きかけなどにより、自社の思い通りにはならないものの、ある程度の影響を及ぼすことは可能である。規制の緩和にあたっては、現在規制下にある産業の企業の意見を聴取するのが一般であるから、規制が緩和されるとしても最も有利な形での規制緩和にもっていくよう、政府ないし議会に働きかけることができる。

　規制緩和を促進させたい場合、消費者に訴えて世論を盛り上げるという形で規制緩和の速度に影響を及ぼしていくことができる。また、外国政府の圧力を利用できる場合もある。在日米国企業の多くは、日本に駐在する米国通商代表部と連絡を取り合っており、自社に有利な形での規制緩和が実現する

よう、米国政府を通じて日本政府に働きかけている。

　次に社会的環境であるが、これにもある程度の影響を及ぼすことは可能であり、少なくとも既存のトレンドを加速させることは可能である。例えば、化粧品の最終顧客がナチュラル志向となりつつあるというトレンドは、広告宣伝によって加速することが可能である。実際にThe Body Shopはこの手の広告を利用してきた（反対に、同じくナチュラル系ブランドであるORIGINSやAYURAはそれぞれEstee Lauder、資生堂によって所有されているため、既存ブランドを傷つけるような広告は限定的である）。パブリシティによるメッセージはさらに効果的である場合が多い。これは、報道機関という一見中立的なものの手を経ることによって、社会一般から企業の恣意によって操作されているという印象を与えないからである。

　最後に、技術的環境については、技術力ある他社との共同研究を行うとか、国家に働きかけて自社も含めた研究組合を立ち上げてもらうなどの働きかけは可能である。

　次に、競合との関係（競争環境）を改善することを考えてみる。競合の出方に関する不確実性要因は、環境上の不確実性と比較して、自社の影響力を行使することが可能である場合が多い。高度成長期においては、価格リーダーシップをもつ企業が一方的に値上げをすることにより、他の企業へ値上げを促すというシグナリングが有効に機能していた。ビールなどの寡占的市場においては、この種の方法により業界横並びの価格設定が行われていたのである。

　衰退している市場においても、自社が設備を廃棄することによって、価格競争を行う意思がないことを表明し、競合にも設備廃棄を促すといったシグナリングが可能である。競合との信頼醸成の効果については、ゲーム理論との関係で後述する（第6章第3節）。

　ただし、自社の環境への影響については、特別な注意が必要である。これらの影響力を過信することは、これらの影響力を過小評価するよりも危険であることを念頭に置かなければならない。これらの影響力を過去に行使したことがあり、それが有効に機能したなどという具体的な根拠がない限り、影

響力をもつことができると断定しないほうがよく、「だめもと」的な施策として位置づけるほうが安全である。また、当然のことながら競合との協働は、独占禁止法などの法令に抵触する可能性をもっている。したがって、競合に関する不確実要因への影響力の行使は、その実効性のみならず法令に抵触しないことをも確認しておかなければならない。

3 シナリオに対する戦略の統合──意思決定のタイミングに関する基本戦略

　いま我々は、各シナリオのどれもが起こりうるという不確実性を前提としているから、通常の戦略策定と異なり、単一の将来予測に基づいて戦略を策定するということを行わない。つまり、どれかのシナリオを「公式の未来」とすることはしないのである。

　では、どうしたらいいのか。どのシナリオの戦略を実行したらいいのだろうか。この問題に対しては基本的に2つの対処法が考えられる。

　第1の方策は、どのシナリオが出現しても共通に「正しい」といえるような戦略を採用することである。シナリオを作成することのひとつの成果は、未来は必ず各シナリオの間に収まり、それより外側に出ることはないということを確認できることである。つまり、各シナリオに現れないような極端な未来は捨象して考えることができる。これは、大きなメリットである。未来の環境がある範囲に収まるのであるから、そのなかのどの環境に対しても有効に機能する戦略を見つけ出し、それを実行すればよいのだ。各シナリオに示された未来のどれについても機能する戦略を策定できれば、それにこしたことはない。

　特定のシナリオにしか効果がないが、他のシナリオの環境でも有害ではない戦略も、これに含めてもよいだろう。ただし、このような方策を実行するには弱点がある。それは、どのシナリオでも機能する戦略を策定するため、安全かもしれないが、各シナリオ独特の機会を活かしきれない戦略になりかねないということである。

　第2の方策は、どのシナリオが出現するかを見極めて、そのシナリオに最

適の戦略を採用することである。未来が見通せるのであれば、第1の方策のようなマイルドな戦略を採用する必要はない。シナリオ・プランニングの本当のメリットは未来を現在において見てしまうことであるから、どれか特定の未来について最適な戦略を採用することができれば、競合に対して大きな強みとなる。

　当然のことながら、この方策にも欠点が存在する。どのシナリオが出現するか明らかになった段階において、それが想定したシナリオと異なり、そのままでは生き残れないというシナリオであったとすれば、その時点ではもはや手遅れとなり、死を待つばかりという状態になるのだ。

　ではどうしたらいいのか。それは、これらの方策のそれぞれいいところだけをとり、悪いところをできるだけ少なくするように、両方の方策を同時に用いるのである。

　すなわち、どのシナリオが出現するか判明する以前においては、第1の施策、すなわち、どのシナリオにおいても正しいと考えられるような意思決定を行う。さらに、不確実要因の結果が出てからでも間に合う戦略については、現時点では意思決定を行わず、各シナリオの下でどのような戦略をとるべきかという概略の検討だけを行う。そして、不確実要因の帰趨が明らかになった後にそれを詳細化して実行するのである。

　本当にそれでうまくいくのだろうかというと、それほど簡単ではないことも多い。まず、不確実要因の帰結が明らかになるまで待てなくはないが、そこまで待っていては競合他社と条件が同じになってしまうか、せいぜい素早く行動できる程度のメリットしかなく、せっかく競合より先に未来を（正確には「未来の可能性」を）見ていたのに、それを活かしきれないことになってしまう。したがって、ある程度のリスクをとったとしても、あるシナリオに賭けてみるという戦略もありうる。

　もうひとつは、不確実要因の帰趨が明らかになるまで待てるのだが、その待つための柔軟性を確保するため現状で代償をはらう必要がある場合があり、それが柔軟性のメリットと比較して小さな代償であるならば支払っておくことも考えられる。

以上の考察から、①共通戦略の実行、②意思決定の留保（戦略策定のみの実行）、③リスクテイク戦略（あるシナリオ独特の戦略）の実行、④オプションの獲得という4つの基本戦略があることが明らかになる。

これらは、例えばマイケル・E・ポーターの基本戦略などとはまったく考え方を異にしており、意思決定のタイミングに注目した分類である。したがって、シナリオを用いた場合に考慮しなければならない、独特な観点での分類ということができるであろう。

シナリオを用いた戦略策定においては、これらの基本戦略を適切に組み合わせることによって、有効な戦略を策定できる。どの基本戦略にもそれぞれの長所と短所がある。しかし、金融商品と異なり、現実の世界はこれらの長所と短所が必ずしも釣り合うようにはできていない。したがって、これらの基本戦略を念頭におきながら、最適な意思決定のタイミングを追求し、長所を最大化し、短所を最小化することで最適な戦略を作成することが可能となるのである。以下、これらの戦略を順に見ていくこととする。

共通戦略の実行

共通戦略とは、どのシナリオが出現するかにかかわらず実行する戦略である。共通戦略となるためには、以下の2つのうちどちらかでなければならない。

①各シナリオのどれに対しても有効な戦略。
②特定シナリオが出現する場合に特に有利になる、あるいは特定のシナリオが出現することが明白となってからでは手遅れとなるような戦略であって、他のシナリオが出現しても損失となることがない戦略。

①、②ともに、不確実要因の帰結が判明する前に策定・実行しなければならない戦略である。しかしその理由は両者で異なっている。

①は、どのシナリオにおいても正しい戦略であるから、その戦略の策定、実行について迷うことはない。ある顧客セグメントが消滅していくことがす

べてのシナリオの前提となっているとして、その顧客セグメントへの投資は、他の顧客セグメントへの参入のいかんにかかわらず、直ちに中止しなければならないという結論にいたるかもしれない。

　例えば、小・中学生に通信教育を提供している企業においては、将来の小・中学生の人数減少は明らかであるから、代替として参入する顧客セグメントいかんにかかわらず、このセグメントへの新たな投資は必要最小限として、他のセグメントへの参入のためにキャッシュを温存すべきであるという結論を導くかもしれない。特定のシナリオに対して有効であるが、他のシナリオが出現しても損失がない戦略もこの範疇に入るだろう。

　これに対して、②の戦略が現在実行可能であるためには、現在のままのビジネスモデルでは特定のシナリオにおいて優位に働く、あるいは特定のシナリオにおいてビジネスに破綻をきたしたり、破綻をきたさないまでも、収益性やビジネスの戦略的柔軟性が著しく低下したりするという条件のみならず、それへの対策としての戦略が、他のシナリオが出現した場合に大きな不利益とならないということが条件である。また、その戦略を実行するために、費用ないし投資がほとんど必要ないというものでなければならない。

　もしそうでなければ、賭ける対象（シナリオ）を変えただけのことであり、将来のために対策したことにはならないからである。

　この典型的な状況は、一部のシナリオに現在にない産業バリューチェーン上の機能が出現したり、現在ある産業バリューチェーン上の機能が著しく重要性を増したりする反面、自社がこれに対してコントロールを有していない場合に、その機能を提供できる他社とアライアンスを組んでおくという戦略がこれにあたる。その機能に対して特別な投資を実行するわけではないので、リスクテイクでもオプション確保でもないが、ある特定のシナリオにおいて生き延びる確立を大きく上げることが可能となる。

　反対に、戦略の実行に投資を伴ったり、新たな費用が発生したりする場合には、後述するリスクテイク戦略に分類すべきである。例えば、同じ将来環境におけるバリューチェーン上の機能の獲得であっても、アライアンスによらず買収や社内での育成による場合には、相応の対価を払わなければならな

いので、リスクテイク戦略に分類すべきだろう。

　実際には、ほとんど対価を要せずに実行できる戦略は稀だろう。また、上述したバリューチェーン機能の獲得のような場合には、実際にそのシナリオが実現したらアライアンスよりも買収のほうが有利であることもあり、対価を支払ってリスクをとらない反面、中途半端な戦略になってしまう可能性もある。

　しかし、前述したように現実の世界は金融オプションのように支払うべき対価やとるべきリスクと、それによって得られるメリットが必ずしも釣り合うようにはできていない。対価の支払いやリスクテイクなしで将来を改善する機会も皆無ではないので、これについて考えてみることも必要である。

意思決定の留保

　意思決定の留保とは、不確実要因が判明するまでどの戦略を実行するかという意思決定を差し控えることをいう。注意を要するのは、留保するのは戦略実行に関する意思決定であり、戦略代替案の策定は事前に行っても差し支えないし、またそうすべきだということである。

　将来Aという事象（シナリオ）が出現するか、Bという事象（シナリオ）が出現するか不明であるときに、Aに対する戦略とBに対する戦略を両方策定しておき、AとBのどちらが出現するのか大方明らかになった後に、どちらの戦略を実行するかを決定する戦略がこれにあたる。

　意思決定の留保は、戦略を何も策定しないのとは異なり、2つの意味での利点を有している。ひとつは、外的環境において注視すべき不確実要因が明確になっているので、その予兆があったときに、それが重大な環境の変化であることやその意味するところを競合よりも先に気づく可能性が高くなることである。もうひとつは、AやBという事象が実際に出現する前に戦略を策定しているので、戦略の実行が迅速になり、競合に対して先手を打つことができるようになることである。競合に対して先手をとることによって、動的ビジネスモデルにおける好循環関係に早く入ることができる可能性が高くな

るわけである。

　例えば、電力会社にとって、将来燃料電池が普及するかどうかは大きな不確実要因であるが、電力と比較して約9倍のエネルギーを消費している自動車の動向を注視することによって、技術革新動向や消費者のアクセプタンスを見ることは可能である。そのため、これを注視し、燃料電池が本格的に普及する兆しを見せたら、直ちに自社のみならず他社の営業地域でも、分散発電による供給のための投資を実行するといったことが考えられる。

　意思決定の留保には、上記のように行動を早める利点があるが、反面、それだけでしかないということもある。つまり、せっかくシナリオを作成し、競合よりも先に未来を見ているのに、多少の時間差はあるものの、不確実要因が明らかになった後に行動を始めているので、競合他社との間で時間差による決定的な優位をつけることが難しくなってしまう。

　したがって、意思決定の留保を行う場合には、不確実要因の帰趨が明確になった後、確実に他社に先んじることができるよう工夫をすることが望まれる。また、どちらになるかわからない場合であっても、戦略を実行することによって得られるメリットと、実行するコストやリスクとの間に不均衡が存在すれば、次に述べるリスクテイク戦略を考慮してみる価値があるだろう。

リスクテイク戦略の実行

　リスクテイク戦略とは、あるシナリオが出現することを前提として、他のシナリオが出現することを無視し、他のシナリオが出現した場合、損害を被るような戦略のことである。他のシナリオが出現する可能性は当然あるわけだから（なぜなら、そのようにシナリオを作成しているので）、この戦略の実行にはかなりのリスクを伴うということができる。シナリオ蓋然性（シナリオの発生確率）がある程度想定できる場合や、想定したシナリオが的中した場合の利益が、的中しなかった場合の損害と比較して非対称に大きい場合には、この戦略は考慮するに値する。

　この戦略は、リスクを伴う反面、成功した場合には大きな見返りをもたら

す可能性がある。それは、競合他社よりも先に特定の未来を想定して戦略を策定し、実行に移すことによって、動的なビジネスモデルにおける好循環を先に開始することができ、競合に対して大きな時間的なアドバンテージを獲得することができるからである。

例えば、天然ガスを簡易に液化する技術であるGTL技術が将来確立されるという前提の下に、現在のLNG（液化天然ガス）技術では採算に乗らない小規模ガス田を買収するという戦略は、GTL技術さえ確立されれば巨大な利益をもたらす可能性がある。その反面、GTL技術が長期間確立されなければ、それらのガス田はローカルな需要にしか使えず、ガス田獲得のための価格の大半は無駄となる。

別の例としては、中国のWTO（世界貿易機関）加盟により中国投資が増加する結果、中国元の価値が対ドル（結果として対円）で切り上げられるというシナリオを前提に、中国における低格付けの融資先に、中国元での貸付けを増加させるという邦銀の戦略は、中国元の切り上げが実際に行われれば、巨額の為替差益が得られる反面、中国元の切り上げがなされなければ単に低格付け債権を増加させただけに終わってしまう。

このように、リスクテイク戦略は、シナリオ間にトレードオフ関係があるにもかかわらず、どれかのシナリオを前提として戦略を策定し、実行するわけである。

リスクテイク戦略は、あるシナリオに「賭ける」戦略である。これは、非常に大きなリスクであるため、想定するシナリオが出現する可能性は非常に高いか、想定したシナリオ以外のシナリオが出現した場合であっても、自社の屋台骨を揺るがさない範囲で実施する必要がある。つまり、リスクテイク戦略の実行の結果として、自社が生き残れないシナリオが発生してしまうような場合には、この戦略を用いるべきではない。

反面、想定したシナリオが出現した場合、この戦略を実行する見返りはきわめて大きく、その他のシナリオが出現した場合の損害が比較的軽微であれば、実行することが可能であろう。リスクテイク戦略の各シナリオにおける得失と、各シナリオの蓋然性との積を比較することにより、金銭的に計測す

ることが可能である。一方、シナリオが的中しなかった場合の損害が明らかに軽微である場合は、リスクテイク戦略として扱わず、上記の共通戦略の実行の②のように扱うことができるであろう。

反対に、あるシナリオに備えるために投資を行っておくというような場合に、他のシナリオが実現してもリスクがないように見え、②のように考えられがちであるが、実際にはその投資は他のシナリオにおいてはさらなる環境改善の原資となるはずのものであるから、リスクテイク戦略として考え、慎重にその実行を判断すべきであろう。

オプションの獲得

現在のままでは、不確実要因の帰趨が判明するまで意思決定を留保することはできないが、ある代償を払えば、戦略の実行に関する意思決定を留保することができるようになる場合がある。このことをオプションの確保と呼ぶ。ちょうど金融オプションを買う場合のように、オプションに対する対価の現在の支払いと引き換えに、未来におけるオプション行使の自由を得るわけである。

例えば、石油化学企業におけるあるシナリオにおいて、自社製品に対する需要が著しく伸張する可能性があるという場合、工場の建設を用地取得から開始すれば、用地の選定や地元自治体との公害防止協定の締結など非常に長い年月を要し、しかも原料である石油製品を荷揚げできる水際線をもつ土地は限られているため、現時点で取得可能な土地が将来とも取得できるかどうかはわからない。この場合、工場自体の建設はしないが用地取得だけを行い、県や市との折衝によって公害防止の基本線は合意しておくということが考えられる。化学プラントは巨額の投資を必要とするので、これをすべて建設してしまうことを考えれば、土地の取得だけにとどめておいて工場建設の意思決定を留保するメリットは絶大である。

その一方で、このオプションを得るのは無料ではなく、用地代金の資本コスト、用地の価格変動リスク、さらには県との折衝の手間などの代償を払っ

ていることに注意すべきである。これらの代償を払わなければ、将来の需要伸張のメリットはまったく享受することはできないのである。

オプションの確保においては、将来のために柔軟性を取得する対価が妥当なものかどうかが問題となる。これは、本来リアルオプション価値として計算し、判定すべきものである（第6章第2節参照）。

余談となるが、バブル期以前、日本企業は前述のような施策（土地の確保によるオプションの取得）を、シナリオ・プランニングなどを行うことなく、あまりにも安易に行ってきた。その背景には、土地は値上がりし続けるという前提の下、オプション取得のコストは無視できるか、むしろマイナスとなり、オプションの取得について詳しく検討する必要がなかったからである。その結果として多くの企業が過剰な資産を抱え込み、資産効率が低下するとともに、バブルの崩壊によって不必要な痛手を被ることとなったのである。

最適戦略の作成

最終的な戦略の策定のためには、これらの意思決定の時期に関する基本戦略を参考にしながら、各シナリオにおける戦略を取り混ぜていくことになる。

ここでいう「取り混ぜる」とは、単に各シナリオの戦略から選択してきて組み合わせるというだけではなく、オプションの確保のように、どのシナリオの戦略にも含まれないような戦略の策定も含んでいる。その結果として、戦略をいますぐに実行する戦略（共通戦略やリスクテイク戦略）、ある環境が現れた場合に実行する戦略（意思決定の留保）、将来の柔軟性の確保のための戦略（オプションの確保）に整理することができ、これに前述の環境改善のための施策や後述の不確実要因認識のための仕組みづくりが加わり、戦略の全体が形づくられることになる。

このようにして策定した戦略を着実に実行していくことになるのだが、前述したように中期経営計画などでシナリオを定期的に改訂し、戦略もそれにしたがって改訂していくようにすべきである（第5章第1章参照）。

4 重要な不確実要因の認識と情報を取得する仕組みづくり

　各シナリオに対する戦略を統合する際に、意思決定の留保やオプションの確保を行う場合、戦略の分かれ道となるような不確実要因は何かを見極めておく必要がある。この不確実要因を明確に認識し、常に意識しておくことによって、不確実要因に関する組織的な感度を上げておかなければならない。伝統的に、このことがシナリオ・プランニングの大きな意義であると考えられていることは前述した（第1章第2節）。

　重要な不確実要因に対する組織的な感度を上げるために、組織構成員の意識を高めるとともに、その不確実要因に関して常に情報が入ってくる仕組みをつくり上げておくことも大切である。例えば、重要な不確実要因が個人顧客の嗜好や購買クライテリアであるとしたら、顧客の意識調査を定期的に実施する、その分野に関する市場調査レポートを定期的に購入する、チャネルに依頼して常に店頭で顧客嗜好をチェックする、自社の販売員が店頭において顧客の購買行動を観察するなど、情報が定期的に入ってくる仕組みづくりを行っておくべきであろう。

　重要な不確実要因が政治動向であるとすれば、重要な政治的意思決定に関与する人々の普段の発言などを収集したり、定期的に意見交換したりすることも役立つかもしれない。経済動向であれば、重要な経済指標を常にウォッチしておくようにする。社会的な事柄であれば、重要な要因を含む社会動向に関係する雑誌を定期購読しておくとか、関連するウェブページや電子掲示板（BBS）での発現を定期的に収集するようにする。技術動向であれば、最先端の研究者とコンタクトをもち、定期的なディスカッションの場をもつよ

うにするなどである。

　これらの施策は戦略自体ではないものの、シナリオ・プランニングの重要な成果であって、伝統的な戦略策定では帰結できないものである。

---

(1) ここでいう「通常の戦略策定」とは、いわゆるポジショニング学派の考え方による戦略策定を想定しており、外部分析、内部分析を行った後に戦略代替案を抽出し、それを選択するような戦略策定方法をいう。典型的な戦略策定方法については、デービッド・A・アーカー著、今枝昌宏訳『戦略立案ハンドブック』（東洋経済新報社、2002年）を参照。
(2) 現在のビジネスモデルが機能していないとすれば、それ自体が大変な問題であるから、「現在の」環境に適応できるよう、ビジネスモデルを早急につくり変えることが緊急の課題となる。シナリオ・プランニングは、その後に行うことである。
(3) 『日経ビジネス』2002年1月7日号、32頁。

CHAPTER 5

シナリオ・プランニングの実施プロセス

1 中期経営計画への統合

　シナリオ・プランニングは、全社レベルや事業ユニットレベルでの中期経営計画策定にも活用できる。事業ユニットとは、事業会社、カンパニー、事業部などのような、事業戦略を策定する単位のことである。また、大規模な投資プロジェクトの計画策定と意思決定、経営者による自社のビジョンの策定にも活用できる。それぞれの場面において、シナリオ・プランニングを実施するプロセスは多少異なる。

　ここでは、最も網羅的な中期経営計画策定における実施プロセスを中心として解読し、大規模投資プロジェクトの意思決定、経営者のビジョン策定については、それとの相違点について解説する。

　戦略を策定し、実行し、成果が生まれるまでのサイクルは1年を超えることが多い。したがって企業経営は単年度ではなく、中・長期的な視点をもって行われる。多くの企業では、3〜5年のサイクルで中期経営計画を策定し、年次でその内容を更新した後、年度計画に展開するという、計画プロセスがとられている。

　近年、中期経営計画の不要論・有害論を耳にする。事業環境の不確実性の高まりによって、計画策定時に想定した事業環境が、時間が経過してみると現実と大きく異なり、計画に織り込まれた戦略が意味をなさなくなる事例が多く発生したためである。この原因は、高不確実性下においても、将来の事業環境について単一の状態を想定する方法の欠陥にあり、中・長期的な観点から戦略を策定することの必要性は変わるものではない。

　シナリオ・プランニングでは、マクロ的環境変化要因と事業環境変化要因

の分析によって、複数の事業環境を展望する。また、戦略策定においてオプション思考を取り入れ、柔軟性をもった戦略を策定する。これらによって、従来の中期経営計画の欠点を克服できる。

中期経営計画は、外部環境分析と自社の分析、戦略と実行施策の策定、施策の優先度づけとスケジューリング、というステップで作成される。シナリオ・プランニングにおいても、その基本的な流れは同じである。また、第2章で述べたように、企業が中期経営計画で想定する期間は、シナリオ・プランニングの展望期間（タイムホライゾン）と同様に、戦略施策を実行しその成果が判明するまでの期間と、事業環境の展望可能性をふまえて設定されていることが多い。

したがって、シナリオ・プランニングは、従来の中期経営計画策定と類似するステップや体制によって実施することができる。3年程度のサイクルで、事業環境に関する構造化されたシナリオを構築し、現時点での意思決定である基本戦略と、将来の条件つき意思決定であるオプションとを組み合わせた戦略案を策定する。そして、年次での計画更新時に、シナリオや基本戦略の見直しと、オプションの行使について検討していく。すなわち、中期経営計画策定プロセスにシナリオ・プランニングの手法を埋め込んでいくのである。

2

実施体制とアプローチ

　中期経営計画策定は、一般的に、経営トップのオーナーシップと方向づけのもとで、企画担当役員が中心となって推進される。計画策定チームは、専任の企画スタッフによるコアチームと、兼任の事業部門の責任者やキーマン、そして財務や人事部門のキーマンによって編成される。外部の経営コンサルタントがそれを支援することもある。シナリオ・プランニングも、それと同様の体制で推進しうる。

　ただし、事業環境の不確実性の分析はシナリオ・プランニングの重要な要素であるため、相当のウエイトが置かれことになる。したがって、その円滑な実施を可能とする体制がぜひとも必要になってくる。そのために、企業内での職位の高低にかかわらず、事業環境の変化についての感度が高いメンバーを、シナリオ策定に参加させる必要がある。こういった人材を企業内識者と呼ぶ。

　参加者の事業環境変化に関する理解を深め、意思決定スキルを向上させること、すなわち組織的学習が、シナリオ・プランニングの意義のひとつである。言い換えれば、環境変化に鋭敏な感性をもち、かつ評論家となるのではなく、その変化を自社の機会とするために組織をリードする人材を育成することである。一般的には、そうした理想的人材は多くは存在しない。事業環境の変化を冷静に分析している人は、批判的になりがちであり、現場で事業を率いている人は現状にとらわれがちである。したがって、事業環境シナリオの策定においては、それら両タイプの人材の参加を仰ぐ必要がある。必要に応じて、社外専門家へのインタビューを実施したり、彼らに議論の場への

参加を仰いだりしてもよい。不確実性の把握と、その自社にとっての意味合いについて、ユニークな洞察を得るためには、企画スタッフ、事業部門責任者、そして識者という異なった立場や視点からの知識を、この検討を通じて衝突、融合させることが有効である。そして、新たな洞察が獲得され共有されることで、組織的学習が実現するのである。

中期経営計画策定におけるシナリオ・プランニングの基本的なアプローチは次の通りである（図表5-1）。

図表5-1●シナリオ・プランニングの進め方

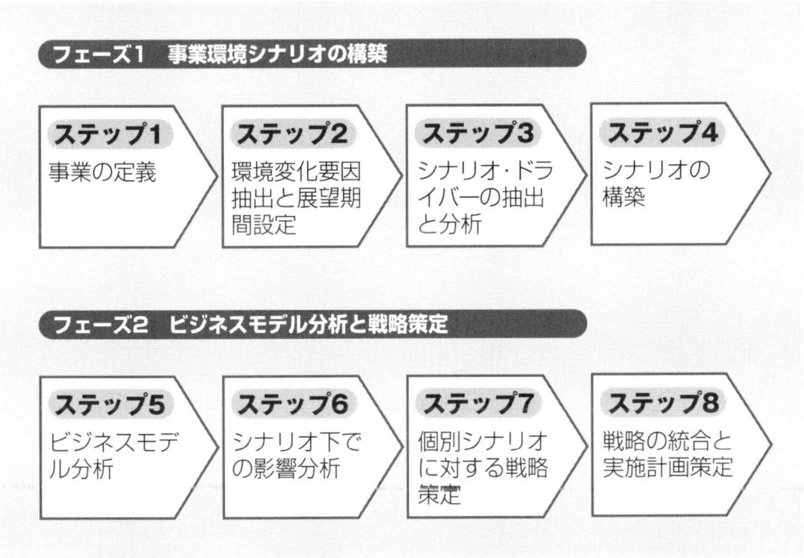

フェーズ1　事業環境シナリオの構築

ステップ1	ステップ2	ステップ3	ステップ4
事業の定義	環境変化要因抽出と展望期間設定	シナリオ・ドライバーの抽出と分析	シナリオの構築

フェーズ2　ビジネスモデル分析と戦略策定

ステップ5	ステップ6	ステップ7	ステップ8
ビジネスモデル分析	シナリオ下での影響分析	個別シナリオに対する戦略策定	戦略の統合と実施計画策定

フェーズ1：事業環境シナリオの構築

まず、分析の対象とする事業を定義し、その事業の環境変化要因からシナリオ・ドライバーを抽出する。そしてシナリオ・ドライバーについて、より詳細な分析を加え、将来に発生しうる事業環境に関する複数のシナリオを構築する。フェーズ1に関連するコンセプトや使用するツールについては、第

2章で解説している。

❖ ステップ1　事業の定義

何の事業について、将来の環境を展望するのかを定義する。自社の川上と川下事業を含めた産業バリューチェーンを作成し、そのなかでの自社の現状のポジショニングと、今後、想定されるポジショニングを大まかに定義する。

❖ ステップ2　環境変化要因抽出と展望期間設定

将来において、産業構造や自社の収益性に影響を及ぼしそうな、マクロ的環境変化要因と、事業環境変化要因を洗い出す。マクロ的環境変化要因とは、規制動向、経済状況、社会動向、技術動向の変化であり、PESTのフレームワークを用いる。

事業環境変化要因とは、産業内に働く「5つの力」の変化である。そして、重要な環境変化要因の動向と、シナリオを作成する目的を勘案して、シナリオの展望期間（タイムホライゾン）を定義する。

❖ ステップ3　シナリオ・ドライバーの抽出と分析

環境変化要因が洗い出されたら、そのなかからシナリオ・ドライバーを選定する。ここでは、その要因の重要度と不確実性の2つの基準によって評価し、重要度が高く、かつ不確実性が高いものをシナリオ・ドライバーとする。そして、シナリオ・ドライバーの数が多いときは、因果関係の分析と連動性の分析によって、その数を絞り込んでいく。

❖ ステップ4　シナリオの構築

シナリオ・ドライバーが展望期間のなかでどのような状態をとりうるのかを想定する。また、複数のシナリオ・ドライバーの帰結を組み合わせ、シナリオ論理モデルを構築する。そして、シナリオ・ドライバー間の相互作用を分析し、論理的かつ革新的なシナリオの仮説を構築する。

その後、各シナリオが実現するための要因を明らかにし、シナリオの実現

可能性を評価する。実現可能性とは、そのシナリオが絵空事ではなく、展望期間において発生しうることである。また、現在の事業環境から、どのような経路をたどって、そこに到達するのかを検討する。

フェーズ2：ビジネスモデル分析と戦略策定

　自社のビジネスモデルを分析し、シナリオで想定した環境変化の自社にとっての影響を評価する。そして、各シナリオに対応した戦略を策定し、それらを、基本戦略とオプションに統合していく。

　自社ビジネスモデルの分析に関連するコンセプトや使用するツールについては第3章で、戦略策定に関連するそれらについては第4章で解説している。

❖　ステップ5　ビジネスモデル分析

　自社の事業構造の全体を仕組みとして、すなわちビジネスモデルとして、把握する。そして、その強みと弱み、いままでの成長を支えてきたコアコンピタンスを把握する。また主要な競合他社についても同様の分析を実施する。

　現状の仕組みと強みと弱み、コアコンピタンスの分析には、静的なビジネスモデル分析のフレームワークが有効である。また、それらの時間軸に沿った変化を分析するために、動的なビジネスモデル分析のフレームワークを利用する。

❖　ステップ6　シナリオ下での影響分析

　フェーズ1で構築した各シナリオが実現した場合の、自社および競合他社のビジネスモデルが受ける影響についてシミュレーションを行う。そして、現状のビジネスモデルのままで将来を迎えた場合の業績について、大まかな予測を実施する。

　また、産業バリューチェーンのなかで、付加価値が高まっていく機能、低下していく機能について分析し、どのようなプレイヤーが高い利潤を得る可能性が高いかを検討する。

❖ **ステップ7　個別シナリオに対する戦略策定**

　各シナリオにおいて、環境変化がもたらす機会を利用し、脅威を回避する戦略を策定する。これは、新たなビジネスモデルを設計することである。新たな産業バリューチェーンのなかで、自社が担当する機能、ターゲットとする顧客、提供する製品・サービスの価値、提供する方法を定義していく。そのビジネスモデルは持続的な競争優位を実現する必要がある。

　そして、現状モデルと新モデルとのギャップを分析し、そのギャップを埋め、新モデルに移行するための施策を抽出する。

❖ **ステップ8　戦略の統合と実施計画策定**

　各シナリオにおける戦略と移行施策を基本戦略とオプションとに統合する。基本戦略とは、現時点で何をすべきかを決定したものであり、現在の意思決定の集合である。その実施スケジュールを策定し、経営資源配分を決定し、ファイナンシャルモデルを策定して、中期経営計画の基本とする。

　オプションとは、将来において、シナリオ・ドライバーがある状態をとったとき、またはあるシナリオが実現したときに、決定され、実施に移される戦略および移行施策である。オプションに関しては、シナリオ・ドライバーやシナリオの帰結が判明しそうな時期と、各状態における戦略を、中期経営計画に組み入れていく。

　これらのステップを実施するための所要期間は、戦略策定の範囲、また全社レベルで実施するのか、事業ユニットレベルで実施するのかによって異なってくる。また、事業環境の不確実性の程度や、自社が抱える課題の複雑性の程度、そして投入される人材数やスキルによっても異なり、一律に決定することは困難である。したがって、ここで示す期間は、あくまでも目安である。

　中期経営計画策定と組み合わせて実施するシナリオ・プランニングでは、事業環境分析、戦略策定、施策レベルへの落とし込み、スケジューリング、経営資源配分、ファイナンシャルモデル作成という多くのタスクが含まれる。

相当の規模をもつ事業会社、社内カンパニー、事業部において、3年に1度の中期経営計画を策定する状況を想定した場合は、3カ月程度の期間が必要となろう。付け加えれば、この業務に経験をもつ外部コンサルタントの活用によって、社内メンバーだけで実施するよりも、期間を短縮することができる。

3 その他の目的のためのシナリオ・プランニング

大規模投資プロジェクトの意思決定

　大規模投資プロジェクトの計画策定と意思決定のためのシナリオ・プランニングは、中期経営計画のように定期的なものではなく、そのつど実施されるものである。しかし、基本的な進め方は同じであり、中期経営計画策定のためのシナリオ・プランニングの実施体制、アプローチが参考になる。

　大きな違いは、検討する範囲が比較的小さくなることである。事業環境においては、あくまでも現在実施しようとする投資プロジェクトにかかわる環境変化要因と、その不確実性を分析して、シナリオを構築する。また戦略面においては、対象とするプロジェクトにおいて実施可能な意思決定となる。

　一般的にその基本的なバリエーションは、実行、中止、延期、分割など、限定されたものになる。よって、中期経営計画策定より短い期間で実施できることが多い。

　この場合、このプロジェクトの目的と前提条件、そしてプロジェクト検討チームに与えられた権限、つまり、意思決定可能な範囲を定義することが重要である。誤った前提条件が設定された場合には、解決しようとする課題設定自体が誤っているので、どんな方法でそれを解決しても、よい成果は得られない。よって、検討の初期段階で、これらについて十分な検討を加え、経営層との合意を得ておく必要がある。

　また、ディシジョンツリー分析やリアルオプション分析（第7章で解説）といった数理的意思決定手法を用いる場合は、モデルの構築と分析のために、

さらに1カ月程度の期間が追加的に必要である。もちろん、これは問題の複雑性と関与する人材のスキルに依存する。また外部専門家の利用によって期間の短縮をはかることもできる。

ビジョン策定・事業ドメイン再定義

　ビジョンとは、自社が将来あるべき姿であり、事業ドメインとは自社が実施する事業の範囲である。

　ビジョンの策定や、事業ドメインの再定義は、主として、経営者自身や、経営者の指示を受けた本社企画スタッフによって実施される。この場合のシナリオの構築およびビジネスモデル分析は、概要レベルで実施される。ビジョンの策定や事業ドメインの定義は、具体的な施策を含まないコンセプトのレベルである場合が多く、経営資源の各事業ユニットへの配分も、その大枠や方針が決定されるのみである。したがって、比較的短期間で実施可能である。引き続き、その結果を受けて事業ユニットにおいて、事業戦略策定、具体的施策への落とし込み、施策のスケジューリング、経営資源の配分が検討されることになる。

　この場合の進め方で重要となるのは、経営者の関与度合いを可能な限り向上させることである。現代の経営者は多忙であり、会社の未来について展望するために費やす時間は、平均して業務時間の3％に満たないという見解も発表されている[1]。その多忙な経営者の十分な関与を得るためによく利用されるアプローチが、経営者を集めた集中ワークショップである。そこで、自社の将来の事業環境シナリオ策定、ビジネスモデルの分析、そしてビジョン策定や事業ドメインの再定義を実施するのである。

　ワークショップの開催方法には、全フェーズについて集中的に2〜3日間の合宿のなかで実施していく方法、適当にテーマを分割し、1日から1日半の合宿を複数回、間隔をおいて実施していく方法の2つがある。本社企画スタッフを中心とする検討チームは、このワークショップの開催に向けて、各ステップにおける情報収集、フレームワーク設定と分析、仮説の構築を実施

し、経営者に議論してもらいたいポイントを明確にしておく必要がある。経営者ワークショップは、この検討における重要なマイルストーンとなり、最後のワークショップはクライマックスである。こういったワークショップの準備作業とまとめを含め、目安としての期間は1〜2カ月といったところである。

4 ワークショップの運営

　ワークショップとは、参加者間での議論や集中的な思考を通じて、アウトプットを作り上げていくミーティングのことである。

　シナリオ・プランニングにおいては、各ステップにおいてワークショップを活用していく。これによって前述した参加者の知識や多様な視点を取り入れることが可能となり、また議論を通じて形成される事業環境の展望、自社の現状および戦略が、参加者間で共有されることになる。

　この際、重要なポイントは、目的の明確化、事前準備およびファシリテーションの3つである。

ワークショップの目的の明確化

　シナリオ・プランニングにおけるワークショップには、参加者間での事実の共有化とアイディアの創出を目的とするものと（アイディア創出ワークショップ）、事実やアイディアを評価・選択し論理的に整理することを目的とするもの（ロジック形成ワークショップ）がある。シナリオ・プランニングの各ステップにおいて、アイディア創出ワークショップとロジック形成ワークショップの両方を実施する。

　アイディア創出ワークショップは、ブレーンストーミングに近いものである。そのアウトプットは、まとまった結論ではなく、共有化された事実と、多くの観点から導き出されたより多くのアイディアである。そして、ロジック形成ワークショップのアウトプットは、事実とアイディアを適切なフレー

ムワークによって分類、整理、評価して導き出した、各ステップにおける結論となる。

ワークショップの事前準備

　ワークショップの実施にあたってはコアチームによる事前準備が欠かせない。アイディア創出ワークショップでは自由な発想が重視されるが、その一方、まったく関連のない議論になってはならない。したがって、議題の設定は当然として、そのテーマに合わせた関連資料の準備、発想を喚起するためのフレームワークや質問を準備しておく必要がある。

　ロジック形成ワークショップにおいては、アイディア創出ワークショップで抽出されたアイディアについて、整理し評価するフレームワークの準備が必要である。また、コアチームで事前に、フレームワークを用いた事実やアイディアの整理分類、因果関係の分析、アイディアの評価、演繹法や帰納法による論理構成などを実施しておき、それらを叩き台にしてワークショップで検討することが効率的な場合もある。

ワークショップのファシリテーション

　ファシリテーションとは、所期の目的を達成するためにワークショップを円滑に進行することをいい、進行役はファシリテーターと呼ばれる。

　アイディア創出ワークショップにおいては、自由な発想からの突飛なアイディアを歓迎するが、他人のアイディアを批判することは禁止する。またアイディアの質よりも量を重視する。ファシリテーターはこれらのルールを事前に参加者に徹底する必要がある。また、ワークショップ中に、他人のアイディアに対して、非現実的だ、当たり前だ、すでにやって失敗したなどの批判的発言が出たときには、上手にそれをなだめ、自由な議論を助長する。

　アイディア創出法には、テーマについて思いつくままにアイディアを出していく自由連想法と、考える方向に指示や条件をつけて発想を促す強制連想

法の2つがある。まずは自由連想法をとり、アイディアが尽きてきたら、強制連想法をとるとよい。強制連想法では、前述のPESTやファイブフォーシスのようなフレームワークを提示し、この切り口から考えることを提案したり、発想の転換を促すような質問を行ったりする。質問の例としては次のようなものがある。

* 今後〇年間で絶対にありえないことは何か。
* いまから〇年後、自社は大成功を収めているとしよう。振り返ってみて何がその成功を呼んだのか。
* 自分が競合他社だとして、自社を倒産させるためには何をするか。
* 現在の事業をゼロからスタートするとしたら、どうするか。
* 顧客、ビジネスパートナーの観点から見て自社に何をしてほしいか。
* 異業種の成功企業の戦略を採用し、成功するためにはどんな条件が必要か。

　ロジック形成ワークショップでは、事実やアイディアを整理・評価し、将来の事業環境や自社の戦略に関する論理を構成していく。したがって、アイディア創出ワークショップと異なり、論理的思考に基づく検討が重視される。
　ファシリテーターは、事前に準備したフレームワークなどを用いて、議論を整理していく。また、コアチームによって事前に論理構成された資料が準備されている場合は、それについて検討を加えていく。

---

(1) G・ハメル／C・K・プラハラード著『コア・コンピタンス経営』（日本経済新聞社、1995年）。

CHAPTER 6

シナリオ・プランニングの周辺方法論

1

企業価値分析

シナリオ・プランニングにおける企業価値分析の意義

　企業価値を創造するか否かは、経営戦略策定における重要な価値判断基準である。戦略の策定過程においては、戦略の投資効果を定量化し、経済性を評価したうえで、実施の可否や優先度が決定される。経済性という価値判断基準は企業経営の根本である。経済性評価のフレームワークとして、従来の会計によらず、企業価値概念を適用することによって、より的確な意思決定が可能となる。

　シナリオ・プランニングにおいても同様である。シナリオで想定した事業環境のなかで、自社の企業価値はどうなるのか。また、その事業環境のなかで有効な戦略は何か。この2つの質問に回答するために、企業価値分析を実施する。

企業価値とは何か

　企業が事業活動に使用している株主資本（投資家の観点からは株主の持ち分）は株式として売買され、価格がつく。公開企業であれば、株式市場で株価が形成されており、株価に発行済株式数を乗じた時価総額が、文字通り資本の時価を表している。この時価総額に有利子負債の時価を加えたものが、企業の「経済的な」価値であり、企業価値と呼ばれる。時価総額部分だけで見れば株主価値となる。

企業価値は、過去の業績ではなく、将来への期待によって形成される。株価低迷は、企業の将来に対する投資家の評価が低いことを意味する。財務諸表は、過去情報として今後の期待形成への参考情報となるが、それ以上のものではない。

　企業価値の形成過程を説明するのは、割引キャッシュフロー（DCF：Discounted Cash Flow）モデルである。DCFでは、企業に投下された資本の時価は、企業が将来獲得するであろう期待フリーキャッシュフロー（FCF）流列の現在価値合計によって決定されると考える。FCFは企業本来の事業活動から創造されるキャッシュフローのことであり、資金調達活動にかかるキャッシュフローは含まない。

　これは企業評価実務のスタンダードとなっている。現代資本市場における主要プレイヤーである機関投資家は、経済環境、産業動向、投資企業の戦略、競合他社の動向に関して多くの情報をもち、洗練された投資判断を行っている。彼らが企業を評価した結果が、資本市場での時価に反映されている。企業経営者は投資家の言う通りに経営すべきだというつもりはない。しかし、経営者は、自社に対する市場の評価である企業価値の創造を指向すべきであろう。

各シナリオにおける企業価値の推計方法

　各シナリオの下での企業価値を推計する方法論は様々であり、特定のアプローチに限定できない。ここでは、例示として基本的なアプローチについて記述する。

　前述した2つの質問への回答は、一般的に「このシナリオにおいて、現状の戦略を適用し続けたときの企業価値は〇〇兆円、このシナリオドでの有効な戦略は×××で、それを適用した場合の企業価値は△△兆円向上すると推計される」というふうになるだろう。この回答を得るためには、各シナリオで想定された環境変化の影響と、各シナリオ下での戦略オプションの効果を区分してとらえる必要がある。

事業環境変化の企業価値へのインパクト評価

　多くの企業が中・長期経営計画を策定している。計画書には将来の事業環境の見通しと戦略が記述され、具体的な施策がスケジュール化され、予測財務数値が記載されているのではないだろうか。その財務数値を使って、中・長期経営計画に基づく企業価値推計モデルを作成し、ベースケースとする。並行して、経営計画策定において想定した将来の事業環境見通しの内容や、現状の戦略について明確にしておく。

　次に、経営計画による企業価値と、資本市場における企業価値（時価総額＋有利子負債）とを比較し、ギャップを把握する。ギャップ分析のために、自社に関する投資レポートをレビューし、投資家の自社の将来に対する期待を把握する。そして経営計画での想定と異なる部分を把握する。予測財務数値が達成目標値になっている企業は多いが、現実的な推計を上回る目標部分はそれを補正する。

　また、企業価値推計モデルにおいて、企業価値をその構成要素（バリュー・ドライバーと呼ばれる）に因数分解できるようにしておく。そして企業価値に対する感度の大きいバリュー・ドライバーを識別する。各シナリオ下での企業価値推計において、バリュー・ドライバーの値を推計するが、それは感度の高い重要なものについてだけ実施すれば十分である。他の要因についてはベースケースのまま固定してもよい。例えば、運転資本効率の感度が小さい企業の場合は、運転資本回転日数はベースケースのままとする。

　そして、各シナリオ下での企業価値の推計に進む。各シナリオには将来のあるべき状態と、現在からそこに至るまでのイベントが記述されている。それらのイベントで、自社の重要バリュー・ドライバーの値に影響を与えるものを特定する。

　次に、各シナリオで想定している将来と、現状の経営計画で想定している将来との差異を分析する。例えば各シナリオ下での、マーケットの規模、成長率、顧客に訴求する要因、競争状況などが、経営計画における想定と異なっているとしたら、それによる売上高やマージンなどの違いを推計し、バリ

ュー・ドライバーの値を変更する。

　こうした分析によって、各シナリオ下において、現状の戦略を適用した場合の自社の企業価値が推計できる。

新戦略の企業価値へのインパクト評価

　新戦略の企業価値へのインパクトを評価するにあたっては、その内容により2つの方法が考えられる。ひとつは事業ドメインにおける戦略変更（計画ドメインにおける新戦略）、もうひとつは経営計画で想定していなかった新たな事業ドメインへの進出（未計画ドメインへの進出）である。

　計画ドメインにおける新戦略に関しては、環境変化のインパクト評価で作成した企業価値推計モデルを利用する。環境変化のインパクト評価では、経営計画で想定した事業環境と、各シナリオで想定した事業環境との違いは反映したが、自社の戦略については現状に固定していた。ここでは、戦略変更の影響を反映し、重要バリュー・ドライバーの値を変更する。これによって、シナリオで想定した事業環境下で、計画ドメインにおける新戦略採用時の企業価値を推計する。

　未計画ドメイン進出の価値推計を厳密に実施するためには、新たな事業計画を策定する必要があるかもしれない。ただし簡便的に実施する方法がある。シナリオ・プランニングでは、その採用をすすめる。

　産業バリューチェーン分析結果を利用して、未計画ドメインにおける、事業のライフサイクル、潜在的利益、所要投資額、資本コストを推計し、そこから価値を算定する。その際、新事業のビジネスシステムと類似する構造をもつ他企業の投資収益性構造を参照し、外挿する手法が有効な場合がある。また、自社にとって新事業を実施している企業がある場合、当該企業の買収価値として推計する手法もありうる。その場合の新戦略による企業価値増分は、シナリオで想定した事業環境下で、自社のビジネスシステムと統合されシナジーが発現した状態における、被買収企業の価値（潜在的価値）の現在価値と、買収価額との差額となる。

ただし、このようにして推計した新戦略の価値は、あくまでも特定シナリオ下での価値である。どのシナリオが実現するかわからない現時点で、新戦略の経済性を評価するときに、単純な割引キャッシュフローモデルは適用できない。このような、複数の将来環境に直面している状況における戦略代替案の経済性評価には、後述するリアルオプションの考え方を取り入れる必要がある。

2 ディシジョンツリー分析とリアルオプション分析

　オプションとは、将来に意思決定し何らかの行動を起こす権利であり、義務ではない。

　例えば、輸出企業がドル建ての売上の為替リスクをヘッジする場合を考えてみる。先物為替予約を行った場合には、指定日に必ず予約レートで円転しなければならない。一方で、あるレート（行使価格）で円貨を獲得する権利（円のコールオプション）を購入した場合では、指定日における直物為替レートと行使価格とを比較して、権利を行使したほうが有利であれば、それを行使してドルを円貨に転換、逆ならば直物市場で円貨に転換できる。金融の世界では、通貨オプション、金利オプション、株式オプションなど様々なオプション契約が存在し、商品としても売買されている。

　こうしたオプションは金融の世界のみに存在するものではない。為替レートが変動するように、将来の事業環境も不確実である。その下で意思決定を行うとき、現時点で将来の施策を確定させず、通貨オプションのように、将来の事業環境に合わせて柔軟な対応ができるような権利を取得することは、「実物」を対象とした経済社会でも一般的に行われている。こうした権利は、リアルオプションと呼ばれる。そして、近年、金融オプションの価格決定理論を、リアルオプションの価値評価に適用する研究が進み、実務にも浸透しつつある。

　シナリオ・プランニングは、事業環境の不確実性を分析し、将来の事業環境について複数の展望を得て、自社の戦略を策定するものである。戦略の策定にはリアルオプション思考を採用し、現時点で戦略施策を決定するだけで

はなく、将来の環境変化に合わせて柔軟な対応を行う権利を取得することを含んでいる。

　しかし、前節で触れたDCF法やNPV法は、現時点での意思決定以降は、戦略施策を変更することができないという前提に立っている。意思決定において柔軟性を保持することは経済的価値をもっているが、DCF法やNPV法ではその価値を評価できないのである。よって、シナリオ・プランニングにおける企業価値評価や戦略施策の経済価値評価は、本来はリアルオプション分析によることが望ましい。それに関する詳細な解説は専門書に譲り、本書ではその基本概念を解説する。その際にリアルオプション分析の基礎の一部にもなっている、ディシジョンツリー分析について先に述べる。

　ディシジョンツリー分析は比較的シンプルなものであり、シナリオ・プランニングによる戦略策定実務においては、有効なツールとなる。しかし、ディシジョンツリー分析は、オプションの価値評価において不正確であるという欠点をもつ。その欠点を克服したのがリアルオプション分析である。

　ただし、リアルオプション分析は、コンセプトとしての理解は比較的容易であるが、現時点で広く戦略策定実務に適用する場合、特に複雑なオプションを評価する場合には、その技術的な困難さが障害となると思われる。

ディシジョンツリー分析

　ディシジョンツリーは、不確実事象（イベント）の帰結と将来の意思決定（ディシジョン）のパターンとの組み合わせをツリー型に表現したもので、決定木とも呼ばれる。そしてツリーの末端は、将来発生しうる状態を示す。

❖ イベントツリー

　ディシジョンが現時点の1回のみ、それ以降のすべてがイベントによって構成されているツリーが、イベントツリーである。そしてイベントによる状態の分岐には確率を付す。確率が客観的に判明する場合は客観確率を、判明しない場合は意思決定者の主観による主観確率を付す。第2章のシナリオ論

理モデルの構築で述べたツリー型表記法は、このイベントツリーによって将来の事業環境の不確実性を表現するものである。イベントによる状態の分岐点をイベントノードと呼ぶ。

イベントツリーは、現在の意思決定を実施した後、将来にそれを変更することができない場合に使用される。

NPV法やDCF法のように、単一の将来の状態と期待キャッシュフローを想定して、不確実性については、それをひとまとめにして割引率に反映させる手法では、不確実性に対処するための示唆を得ることは難しい。しかし重要な不確実要因を抽出し、構造化したイベントツリーを作成することから、不確実性への対処法に関して大きな示唆を得ることができる。また、ツリーの各末端の状態において、意思決定者が受け取る価値をペイオフ（利得という意味で、返済停止という意味ではない）という。企業や戦略施策の経済価値の算定においては、確率的に発生する将来の状態と、その状態でのペイオフであるキャッシュフローの現在価値を算出する。

また、ツリーで表現されるような離散的な確率分布でなく、連続的な確率分布によるシミュレーションを実施する手法もある。いずれの手法でも、企業価値や戦略施策の価値の確率分布を求めることができる。この手法はダイナミックDCF法と呼ばれ、リスクに関するより深い検討を可能とするものである。

図表6-1では、ダイナミックDCF法によって求めた戦略施策の価値の、累積確率分布グラフによる分析を示している。横軸に価値、縦軸に確率をとった平面上に、まずシナリオのペイオフを横軸上に並べ、それが小さいほうから順番に縦軸の発生確率を累積し表現したものである。確率分布の期待値は、その企業や戦略施策の価値を確率で加重平均したものであり、一般的には期待値が大きいほうがよい。確率分布の散らばり方を表す分散または標準偏差を見れば、環境変化における価値の変化（分散リスク）が把握される。分散または標準偏差が小さいほど環境変化に強い企業、強い戦略施策ということができる。

また確率分布から、望ましくない状況になったときの損失（ダウンサイド

図表6-1 ● 戦略施策の価値　累積確率分布

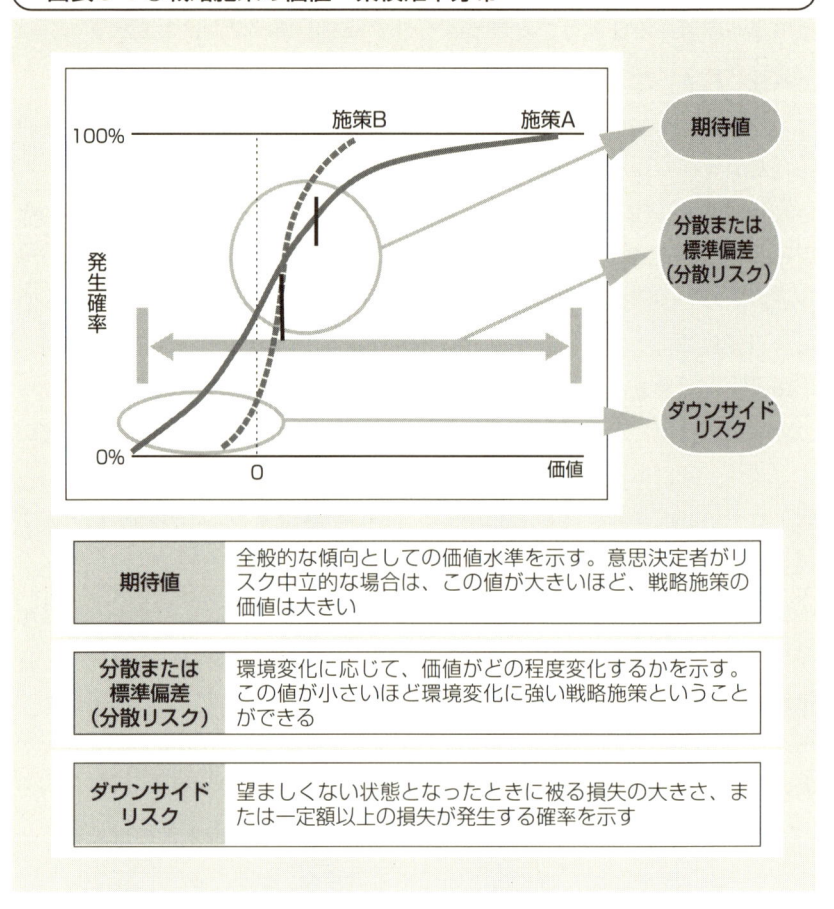

期待値	全般的な傾向としての価値水準を示す。意思決定者がリスク中立的な場合は、この値が大きいほど、戦略施策の価値は大きい
分散または標準偏差（分散リスク）	環境変化に応じて、価値がどの程度変化するかを示す。この値が小さいほど環境変化に強い戦略施策ということができる
ダウンサイドリスク	望ましくない状態となったときに被る損失の大きさ、または一定額以上の損失が発生する確率を示す

リスク）を把握することができる。ダウンサイドリスクの把握は、意思決定において重要である。

　例えば、自社にとって耐えうる最大損失が100億円であるとき、施策Aと施策Bのどちらか一方の採用を検討しているとする。仮に、施策Aは期待値が1000億円であるが100億円以上の損失が発生する確率が40％あり、施策Bは期待値が200億円で100億円以上の損失が発生する確率が5％あるとする。期待値の観点からはAがBを大きく上回り、Aを採用すべきだと思われるが、

2 ディシジョンツリー分析とリアルオプション分析

図表6-2●イベントツリーとディシジョンツリー

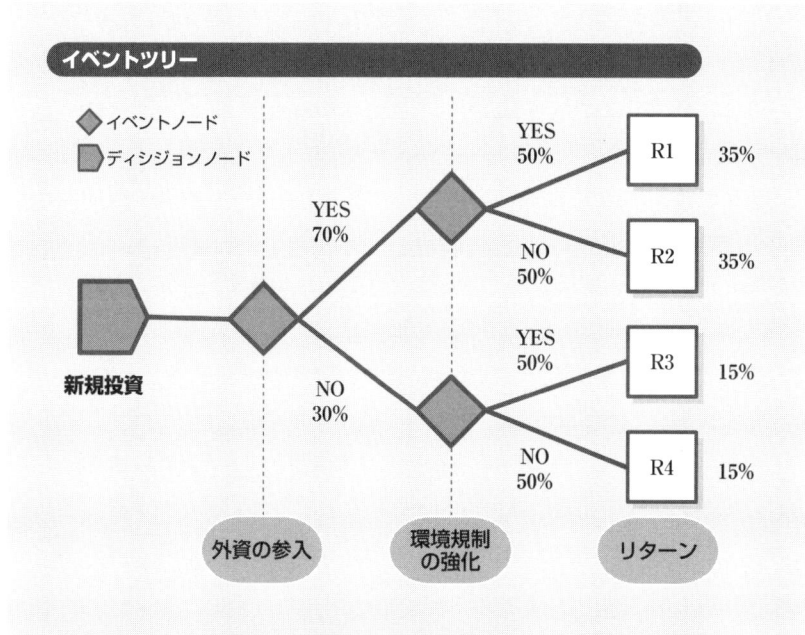

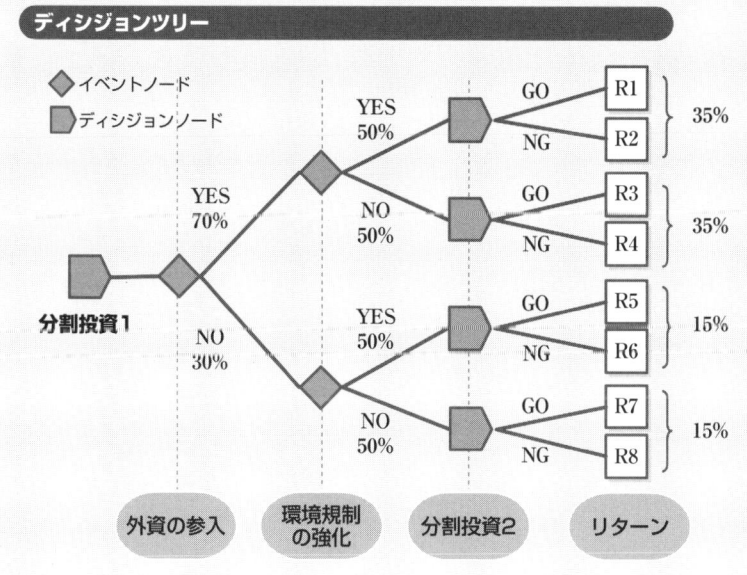

イベントツリー

- ◆ イベントノード
- ■ ディシジョンノード

新規投資

- YES 70%
  - YES 50% → R1 35%
  - NO 50% → R2 35%
- NO 30%
  - YES 50% → R3 15%
  - NO 50% → R4 15%

外資の参入 / 環境規制の強化 / リターン

ディシジョンツリー

- ◆ イベントノード
- ■ ディシジョンノード

分割投資1

- YES 70%
  - YES 50%
    - GO → R1
    - NG → R2
    } 35%
  - NO 50%
    - GO → R3
    - NG → R4
    } 35%
- NO 30%
  - YES 50%
    - GO → R5
    - NG → R6
    } 15%
  - NO 50%
    - GO → R7
    - NG → R8
    } 15%

外資の参入 / 環境規制の強化 / 分割投資2 / リターン

第6章 シナリオ・プランニングの周辺方法論

その場合は40%の確率で自社は破綻するのである。すると、Aはなかなか採用できないであろう。

❖ ディシジョンツリー

　ここで、イベントツリーと、それによるダイナミックDCF法では反映されない要素がある。将来の意思決定である。現実の企業経営においては、現時点の意思決定だけではなく、事業環境の不確実性の帰結に関して、より多くの情報を得てから、意思決定する、または意思決定を変更することが多い。

　例えば、大規模ショッピングセンターの建設について考えて見ると、全部または一部を延期し将来の環境をみて投資判断する（延期オプション）、将来の環境変化に応じてテナントを入れ替える（変更オプション）、業績が好ましくない場合は他用途に転用する（転用オプション）、あるいは売却して投資の一部を回収する（撤退オプション）などといった様々な柔軟性を有している。こうしたオプションがリアルオプションと総称される。

　イベントツリーに将来の意思決定であるオプションを組み込んだものが、ディシジョンツリーであり、将来の状態に応じた意思決定を行いうる場合に使用される。ディシジョンによる分岐点をディシジョンノードと呼ぶ。リアルオプションをもつことは、将来のディシジョンノードをもつことである。ディシジョンノードでは、その時点の状態によって、有利なほうの分岐に進む意思決定がなされる。

　ディシジョンノードをもつ場合の、企業価値や戦略施策の価値の確率分布を計算するためには次のようなステップをとる。

①ディシジョンツリーのすべての末端におけるペイオフを求める。
②末端からディシジョンノードまでツリーを遡り、当該ノードにおける各選択肢の期待値を計算する。
③最も期待値の高い選択肢のみを残し、それ以外の分岐は消去する。
④またツリーの原点にむかって遡り、上記②、③の処理を繰り返す。

2 ディシジョンツリー分析とリアルオプション分析

図表6-3●イベントツリーとディシジョンツリー数値例

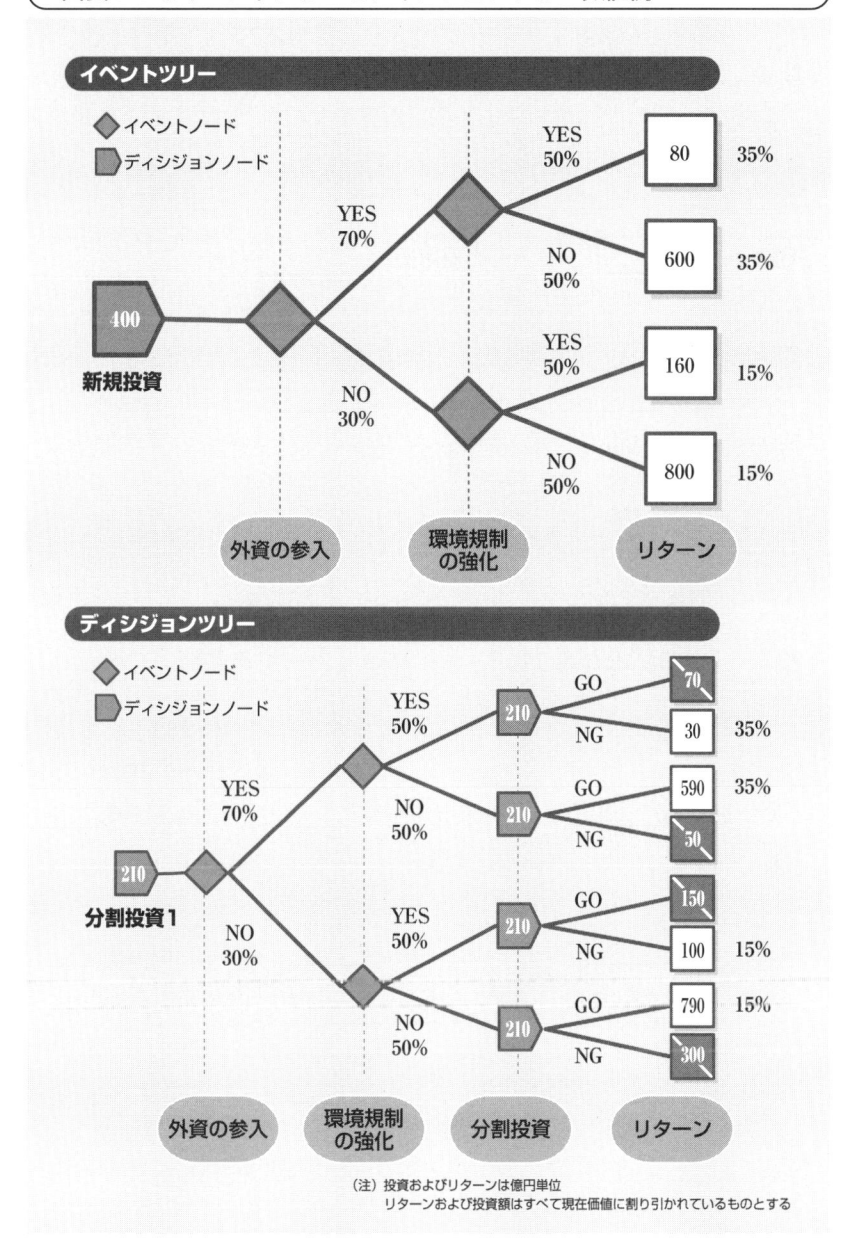

イベントツリー

◆ イベントノード
■ ディシジョンノード

```
                           YES 50% ── 80    35%
              YES 70% ──┤
                           NO  50% ── 600   35%
  400 ──┤
  新規投資     
                           YES 50% ── 160   15%
              NO  30% ──┤
                           NO  50% ── 800   15%

     外資の参入   環境規制      リターン
                 の強化
```

ディシジョンツリー

◆ イベントノード
■ ディシジョンノード

```
                                        GO ── 70
                             YES 50% ──210──┤
                                        NG ── 30     35%
               YES 70% ──┤
                                        GO ── 590   35%
                             NO  50% ──210──┤
                                        NG ── 50
  210 ──┤
  分割投資1
                                        GO ── 150
                             YES 50% ──210──┤
                                        NG ── 100   15%
               NO  30% ──┤
                                        GO ── 790   15%
                             NO  50% ──210──┤
                                        NG ── 300

   外資の参入  環境規制    分割投資   リターン
              の強化
```

(注) 投資およびリターンは億円単位
リターンおよび投資額はすべて現在価値に割り引かれているものとする

第6章 シナリオ・プランニングの周辺方法論

数値例を図表6-2から6-6に示した。図表6-2は、ある投資案件に関して、そのペイオフに重要な影響を与える、外資の参入と環境規制の強化という不確実要因によるイベントツリーと、投資を2分割し、将来の事業環境を勘案して2回目の投資を実行するか否かの意思決定を含んだ、ディシジョンツリーを示している。図表6-3は、両ツリーに、イベント発生確率、投資額、ツリ

図表6-4●イベントツリーでの期待値

（億円単位）

外	環	累	リターン	初期投資	NPV	積数
Y	Y	35%	80	400	−320	−112
Y	N	35%	600	400	200	70
N	Y	15%	160	400	−240	−36
N	N	15%	800	400	400	60
					NPV期待値	−18

図表6-5●分割投資とした場合（ディシジョンノードがある場合）の期待値

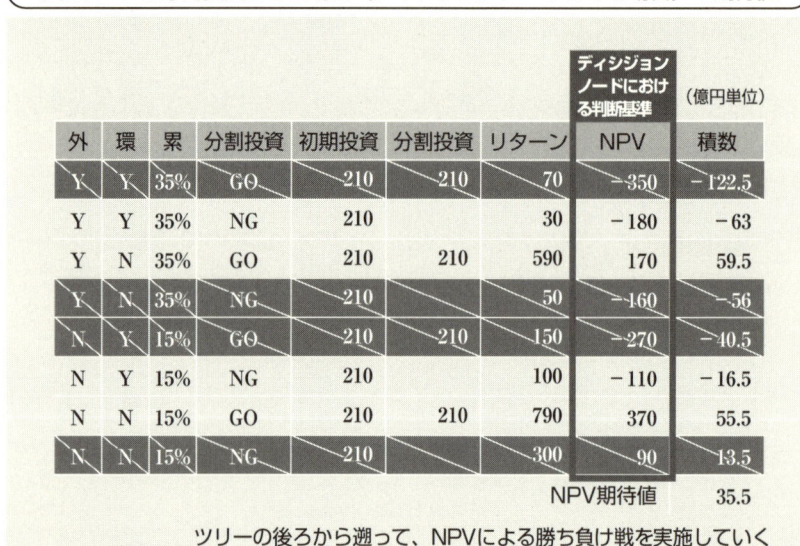

（億円単位）

外	環	累	分割投資	初期投資	分割投資	リターン	NPV（ディシジョンノードにおける判断基準）	積数
Y	Y	35%	GO	210	210	70	−350	−122.5
Y	Y	35%	NG	210		30	−180	−63
Y	N	35%	GO	210	210	590	170	59.5
Y	N	35%	NG	210		50	−160	−56
N	Y	15%	GO	210	210	150	−270	−40.5
N	Y	15%	NG	210		100	−110	−16.5
N	N	15%	GO	210	210	790	370	55.5
N	N	15%	NG	210		300	90	13.5
							NPV期待値	35.5

ツリーの後ろから遡って、NPVによる勝ち負け戦を実施していく

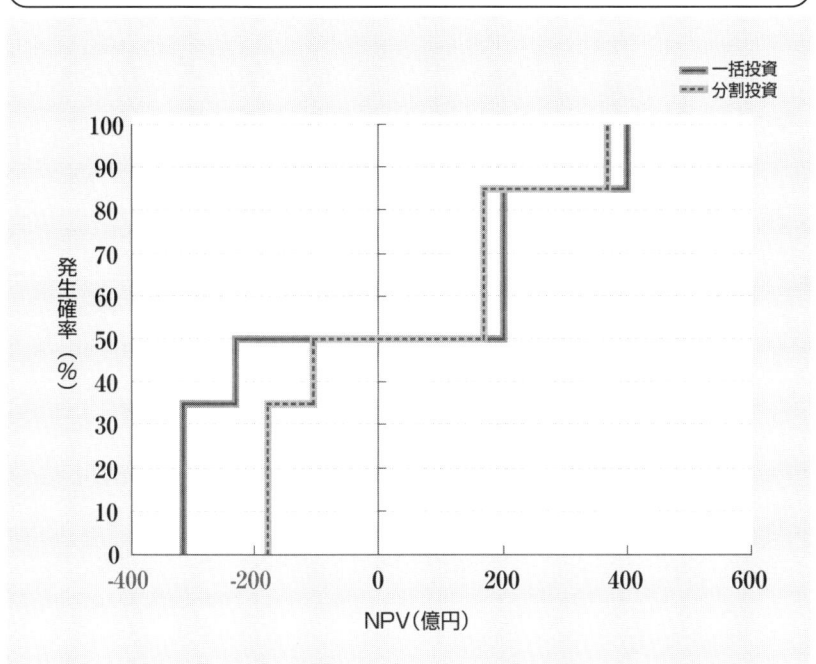

図表6-6●数値例　累積確率分布グラフ

ーの末端におけるリターンの情報を加えたものである。投資額およびリターンはすべて現在価値に換算されているとする。また分割投資案では、総投資額が増大する。この例によると、一括投資案（意思決定に柔軟性をもたない）の価値は、図表6-4のように計算され、マイナス18億円となる。

一方で、分割投資案（意思決定の柔軟性をもつ）の価値は図表6-5のように35.5億円となる。図表6-6には、両者の累積確率分布グラフを示した。このグラフを見ると、分割投資案は、一括投資案と比較して、ダウンサイドリスクが大幅に回避され、それが期待値を増大させていることがわかる。この数値例においては、期待値、分散リスク、ダウンサイドリスクのすべての観点から、分割投資案が優れているといえる。

リアルオプション分析

　このように、リアルオプションは、従来からあるディシジョンツリーとしてモデル化できる。

　それではリアルオプション分析とは何なのか。実はディシジョンツリー法による意思決定の柔軟性をもつ案件の評価には、落とし穴があるのだ。図表6-3の数値例において、すべてのリターンは現在価値に割り引かれていることにしたが、そのときの割引率はどうやって決定されるのだろうか。数値例では、意思決定に柔軟性をもたない場合の割引率をそのまま用いている。しかし、本来は、分割投資オプションを行使して、第2期目の投資を実施した場合と、行使しなかった場合では、リスクが異なるので割引率も異なるはずではないのか。リスクを割引率によって調整するDCF法では、このような条件付き意思決定によって異なったリスクをもつキャッシュフローを取り扱うことができないのである。これは金融オプションの評価においても同様である。

　この問題を解決したのが、ブラック、ショールズ、そしてマートンである。1969年にブラックとショールズは、偏微分方程式を解いてオプション価格を表す解法を発見した。後日、それにマートンが加わり、解法の意味として、裁定とトラッキング・ポートフォリオの概念を加えた。

　トラッキング・ポートフォリオとはオプションとまったく同じ損益を生む原資産と無リスク資産（国債）の組み合わせのことである。市場において一物一価の法則が成り立つのならば（これを無裁定条件という）、このトラッキング・ポートフォリオを構築するためのコストが、オプションの価値となる。

　1973年に、彼らが発表したブラック＝ショールズ式では、現時点での原資産の価値、権利行使価格、権利行使までの期間、無リスク金利、そして原資産の単位期間あたりの価格変動率（ボラティリティ）を変数として、オプションの価値を算出するものである。ただし、行使条件が複雑なオプションの価値評価には適していないことから、リアルオプションの評価には、単純なオプションの場合を除いて、あまり用いられない。また、この方程式を理解するためには高等数学の素養が不可欠であることも、経営意思決定において

広く用いられるための障害となっていた。

　その後、1979年に、コックス、ロス、そしてルービンシュタインによって開発されたリスク中立評価法と2項モデルによるオプション価値の評価は、リアルオプションの価値評価に有用なものである。これは将来の不確実性をすべて2つの状態に分岐するイベントツリー形式で表現し、その分岐にリスク中立確率という特殊な確率を付す方法である。

　リスク中立確率とは、将来の離散的確率分布をもつキャッシュフローを、無リスク金利で割り引いたものを、リスクを調整した現在価値と等しくなるように、加重する比率である。

　リスク中立評価法と2項モデルには次のような利点がある。

a) ブラック＝ショールズ式に比べて、より複雑なオプションを扱うことができる。
b) 連立方程式が解ける素養があればよいので、より多くの層に受け入れられる。
c) 不確実性および意思決定の表現がディシジョンツリー法と整合的であり、視覚的に理解できる。

　この、リアルオプションの価値評価について、より深い理解を得られたい方には注記にあげた参考文献[1]を一読されることをおすすめする。

3

ゲーム理論

ゲーム理論の意味とシナリオとの関係

　ゲーム理論とは、ジョン・フォン・ノイマンによって創始された、相互依存性のある状況のもとにおける合理的な行動についての理論である。

　シナリオ・プランニングにおいては、まず環境側を複数のシナリオとして確定させ、それへの対応として自社の戦略を構築するため、自社の行動と環境との間の相互依存性は捨象されてしまっている。自社の行動が環境に対して与える影響は通常かなり小さいということができるから、このように考えてしまっても問題ないわけである。つまり、シナリオ・プランニングのフレームワークは、ゲーム理論とは一応一線を画するということができる。

　では、ゲーム理論をまったくシナリオに利用できないかというと、そうではない。第2章で述べたように、シナリオ・プランニングにおける外的環境には競合の行動も含まれるが、ゲーム理論はこの競合の行動を予測するために使用することができる。ただし、ゲーム理論はその定義から「相互依存性のある状況」においてのみ使用可能である。

　相互依存性のある状況とは、自社の行動が競合の行動にある程度大きな影響を与え、同様に競合の行動が自社に対して大きな影響を与えることである。このような状況が現れるのは、プレイヤーが限定された寡占的市場である場合が多い。ゲーム理論は、このような環境下において競合の行動を不確実要因として説明することに役立つ。不確実要因として扱うことにより、シナリオ・プランニングのもつ環境側の硬直性を回避することができるし、実際に

寡占的市場においては外部環境における最大の不確実要因は競合だから、この取り扱いは実体にもうまく適合するわけである。

ゲーム理論使用の例

　寡占的市場というのは、実はそれほど多くない。産業が若い段階では、通常非常に多くのプレイヤーが参加しているが、産業が成熟するにつれてプレイヤーの数が減り、寡占的市場が形成される場合がある。例えば、ビールや板ガラスなどはその例である。また、従来参入が規制されていた産業においても、プレイヤーの数は限られる傾向にある。通信や放送、航空運送などはその例である。ゲーム理論はこのような産業にうまく適用できることが多い。

　特定石油製品輸入暫定措置法が廃止された後の石油企業や、小売自由化後の電力企業などにとって、規制が取り払われた後に競合のとる行動は、大きな問題であった。競合が価格競争を仕掛けてくれば、自社としてもこれに追随せざるをえない。石油や電力は、その性質上価格の下落によって市場全体の需要が大きく伸張することはありえないから、価格競争が始まれば、業界全体の収益性は大きく損なわれる。反対に競合が現在の秩序を保ち、自社もそれに習えば、現在の収益性は維持されることになる。石油や電力のように差別化できない商品は、価格による需要の乗り換えが起こりやすい（価格弾性値が高い）。また、石油における精製設備や輸送・貯蔵設備、電力における発電・送電設備は、非常に高い固定費となっているため、需要の変動が利益の変動に大きな影響を与えることになる。

　こうした状況は、よく知られた「囚人のジレンマ」というゲームの構造と一致している。このゲームにおいては価格を引き下げることがドミナント戦略（相手の出方がどうであっても自社が利益を得られる戦略）であるから、必然的に価格競争が起こると考えがちであるが、必ずしもそうではない。1回的なゲームでは価格の引き下げがドミナント戦略であっても、連続的なゲームにおいては未来における自己の利益を確保するため価格を引き下げないインセンティブが生まれ、プレイヤー間に信頼が形成されて、どのプレイヤ

ーも価格を引き下げないということが起こりうるのである(図表6-7参照)。

ジョン・マクミラン[2]によれば、被験者を使った連続的な「囚人のジレンマ」ゲームの実験においても、信頼が形成されて価格が維持される場合と、価格競争に陥る場合との両方が現れることが確認されたという。したがって、プレイヤーの信頼が形成され価格が維持されるか、信頼を形成できず価格競争に陥るかは、シナリオ・ドライバーとなりうるような不確実性の高い、しかもインパクトの大きい不確実要因であるということができるのである。

ゲーム理論の使用における留意点

少し注意を要するのは、同じ寡占市場であっても1社が圧倒的なシェアをもつ場合は、上記のゲーム(囚人のジレンマ)とは別の力学が働くということである。

この場合は、圧倒的なシェアをもつ者は、少なくともその時点においては競合の行動にかかわらず現在の価格を維持する利益があり、またその力もあるということである。その時点において多少のシェア流出があっても、価格を維持したほうが粗利益の総額としては大きなものが得られるからである(したがって価格の引き下げがドミナント戦略となっていない)。こうした価格維持の結果、その企業は少しずつシェアを失い、結局は「囚人のジレンマ」と同じ状況にいたるのだが、それまでにかなりの時間を要することが多い。

OPECにおけるかつてのサウジアラビア(最大の原油輸出国であり自国の生産量を調整して原油価格を維持しようとするので「スウィング・プロデューサー」といわれた)、通信におけるかつてのNTT、コンピュータにおけるかつてのIBMなどはすべてこの例である。

一方、圧倒的なシェアをもつ事業者であっても、全体として価格を維持できる場合には参入を撃退するため局地的な値下げによって、反撃に出ることもある。小売であれば参入者のすぐ近くに出店して値下げ攻勢を行ったり、航空運送業において参入があった路線だけ値下げを行ったりするのである。例えば、ディスカウント航空会社であるライアンエアーがロンドン-ダブリ

図表6-7 ● 1回的ゲームと連続ゲーム

1回的ゲーム

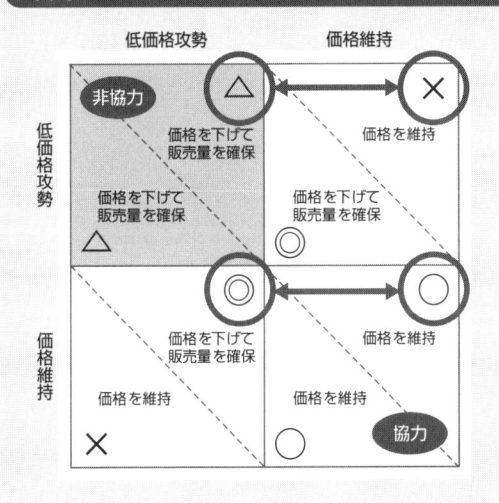

	低価格攻勢	価格維持
低価格攻勢（非協力）	価格を下げて販売量を確保 / 価格を下げて販売量を確保 △	価格を維持 × / 価格を下げて販売量を確保 ◎
価格維持	価格を下げて販売量を確保 ◎ / 価格を維持 ×	価格を維持 ○ / 価格を維持 ○（協力）

1回的ゲームでは、相手の出方にかかわらず、常に低価格攻勢に出たほうが有利な結果になる

連続ゲーム

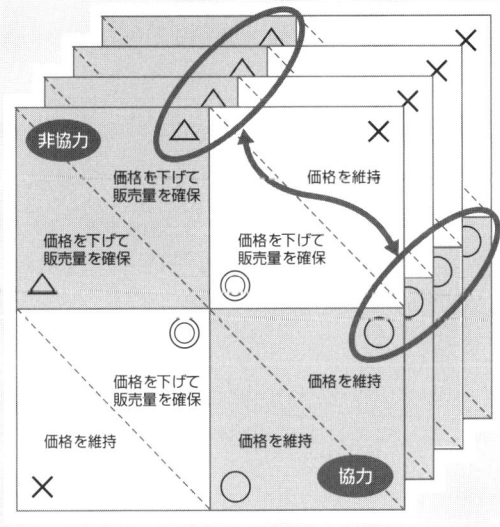

相手と信頼関係を築ける、相手は必ず仕返しするという前提に立つと、相手と協力する動機が生まれる

ン線に参入すると英国航空は同路線のみ直ちに値下げを断行して報復に出た（同じことは世界各国で起こっている）。

　このように、寡占市場であるから「囚人のジレンマ」だと一概に決めつけず、シナリオを作成したり不確実要因を選択したりする際には、自社の置かれている状況はどのようなゲームの状況なのかを適切に判断する必要がある。

---

(1) リアルオプションに関する参考文献としては、以下のものがある。マーサ・アムラム、ナリン・クラティラカ著『リアル・オプション——経営戦略の新しいアプローチ』（東洋経済新報社、2001年）、トム・コープランド、ウラジミール・アンティカロフ著『決定版　リアル・オプション——戦略フレキシビリティと経営意思決定』（東洋経済新報社、2002年）、野口悠紀雄、藤井真理子著「マルチンゲールと資産価格理論」（『ダイヤモンド・ハーバード・ビジネス』2000年9月号）。
(2) ジョン・マクミラン著『経営戦略のゲーム理論』（有斐閣、1995年、42ページ）。

CHAPTER 7
ケーススタディ

1 ケーススタディについて

　この章においては、実際のシナリオ・プランニングを一般用医薬品メーカーであるA社のケースに沿って見ていくこととする。

　実際のシナリオ・プランニングの進行を具体的に見ていただくことにより、シナリオ・プランニングの実際を感じとっていただくことが目的である。なお、本章で取り上げたケースは、実在の企業や筆者たちのコンサルティング実績に基づくものではなく、本書のために筆者たちによって構想されたものである。

ケースの背景：一般用医薬品産業とA社

　薬品には、医師の処方なしに店頭でパッケージとして販売される一般用医薬品と、医師の処方を要する医療用医薬品があり、それぞれの国内市場は、約9000億円と約5兆3000億円で、医療用医薬品は一般用医薬品の約6倍の市場規模を有している。このうち一般用医薬品市場の構成比率を見ると、最大の製品セグメントはドリンク剤と風邪薬であり、それぞれ市場全体の約30％を占めている。その他では胃薬などの消化器関連薬が約15％、傷薬や水虫薬などの外用薬をすべて合わせて約20％程度であり、残りの数パーセントがその他の様々な薬品という、かなり偏った製品セグメント構成になっている。

　A社は、一般用医薬品を得意としている大手製薬メーカーで、年間売上高は約2000億円。売上高比率は、一般用医薬品が約4分の3を占め、一般用医薬品ではトップグループの一角を占める。しかし、医療用医薬品では市場自

体が巨大であることとともに、社内における歴史も浅く、中小の1メーカーにすぎない。A社の一般用医薬品事業の特徴は、製品面ではフルラインナップであり、ほとんどすべての薬効領域をカバーする一方、ドリンク剤のマーケティングに特別の強みを有していた。

また、流通面での特徴は卸（問屋）を経由せずに直接薬局・薬店から受注を取り、直接配送するという点であった。この流通形式は業界では少数派であるが、A社の規模の経済を活用したものであり、卸を通さないことによって薬局・薬店との結びつきを強められるとともに薬局・薬店にとっても大きな利幅が得られるため、店頭での棚割りや対面での推奨において有利な扱いを受け、それがA社の大きな強みとして機能していた。

❖ ワークショップの参加メンバー

A社の経営企画部のメンバーは、今年の中期経営計画の策定指示を前にして、将来の事業環境シナリオを作成するためにミーティングに臨んでいた。ミーティングのメンバーとしては、経営企画部長以下の経営企画部の主要メンバーと、一般用医薬品販売部門、製造部門、流通部門そして財務部門などから、普段担当役員の参謀として機能している社内識者1人ずつの参加を求めた。また、今回はA社においてシナリオ・プランニングを中期経営計画に活用する最初の年であるので、外部のコンサルタントにも助言と進行を依頼することとしたため、コンサルタント2名が同席することとなった。

❖ シナリオ・プランニングのスケジュール

A社の中期経営計画の策定期間は通常約3カ月であった。今回は、外部コンサルタントの協力を得ていることと、通常よりもワークロードを高めることにより、ややスピードを速め、約2カ月の期間をかけて行った。以下は、そのスケジュールである（図表7-1参照）。

図表7-1 ● A社におけるシナリオ・プランニングのスケジュール

第1月	第1週	1. 事業の定義 2. 環境変化要因抽出と展望期間設定
	第2週	3. シナリオ・ドライバーの抽出と分析
	第3週	4. シナリオの構築
	第4週	5. ビジネスモデル分析
第2月	第5週	6. シナリオ下で影響分析
	第6週	7. 個別シナリオに対する戦略策定
	第7週	
	第8週	8. 戦略の統合

2 事業の定義および環境変化要因抽出と展望期間設定

産業バリューチェーンの概観

　まず、一般用医薬品の産業バリューチェーンを確認した。A社のバリューチェーンに社外の上流の機能として医薬品（化合物）の開発と原料化合物の生産、下流の機能として小売を追加して、いま現在の主要成功要因（CSF）を書き足した。

図表7-2 ●一般用医薬品の産業バリューチェーン

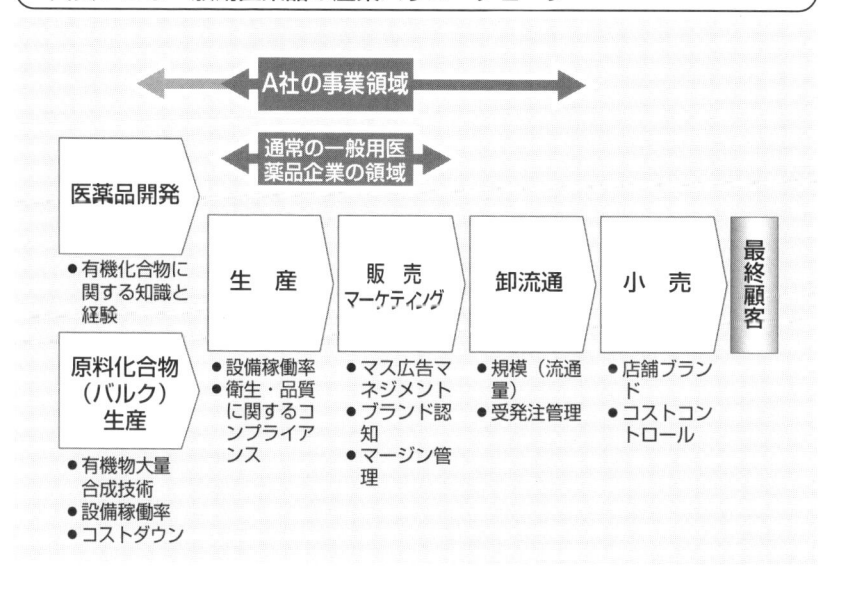

A社の事業領域
通常の一般用医薬品企業の領域

医薬品開発
- 有機化合物に関する知識と経験

原料化合物（バルク）生産
- 有機物大量合成技術
- 設備稼働率
- コストダウン

生産
- 設備稼働率
- 衛生・品質に関するコンプライアンス

販売マーケティング
- マス広告マネジメント
- ブランド認知
- マージン管理

卸流通
- 規模（流通量）
- 受発注管理

小売
- 店舗ブランド
- コストコントロール

最終顧客

A社の特徴は、卸流通を自社で行っていることであるが、一方、医薬品の開発や原料化合物の生産は他社に依存していた。A社が行っている業務のうち、コアコンピタンスと考えられるものは、販売・マーケティングであろう。同社は、規模の経済と潤沢な利益を背景に大量のマス広告を打つことができた。また、卸流通を自社で行うという垂直統合性も、薬局・薬店との強固な結びつきを可能とし、大きな粗利益を確保できるため、他社と比較してユニークな強みとなっていることが確認された（図表7-2）。

❖　マクロ環境分析

　次にマクロ経済分析を行った。PC画面をプロジェクターで投影しながら、PESTのフレームワークを使って一般用医薬品事業に大きな影響を及ぼすマクロ環境変化要因の洗い出しを行った。

　まず、P（政治的環境変化要因）として、一般用医薬品の対面販売規制の撤廃が考えられた。この規制は、薬局・薬店に一般用医薬品の対面販売を義務づけるもので、ネット販売の障害となってきた反面、既存のチャネルはこれに守られていた面がある。したがって、この規制が撤廃ないし緩和されれば、販売チャネル政策の大幅な変更を迫られると考えられた。

　また、最近、医薬部外品の範囲が変更され、これが拡大されている。このため、医薬部外品範囲の緩和は将来において可能性は十分にあると考えられた。医薬部外品に指定されればコンビニエンスストアなどのチャネルでも販売可能となっているから、その範囲の変更はチャネル政策などに大きな影響を与え、一般用医薬品のビジネスに重大な影響があるだろうと考えられた。

　さらに、現在、強力な薬効を有する医薬品はほとんどが医療用医薬品であり、一般用医薬品としては認可されていないが、これが認可されれば医師の処方を要しないため、自社がそのような製品を販売できれば大きな売上増を期待できる。その反面、このような医薬品は、現在医療用医薬品を主として扱うメーカーによって開発・製造されており、それらの企業との相対的優位性は低下するようにも思われた。

　同様に、医療保険制度がさらに改訂され、患者の負担額が大きくなれば、

医者に行かずに薬局で一般用医薬品を買い求める患者が増えると考えられるため、一般用医薬品と医療用医薬品との相対的な地位に大きな影響を及ぼすと考えられる。

次にE（経済的環境変化要因）であるが、医薬品事業は、一般的には景気の影響を受けないが、一般用医薬品のなかにはドリンク剤や胃腸薬など、景気の変動に比較的大きく影響を受けるものもあるため、景気の動向を無視するわけにはいかなかった。

S（社会的環境変化要因）として、最大のものはドリンク剤の人気に関するものであろうと考えられた。ドリンク剤は日本独特のものであり、購入者には疾患による強い購入の必要があるわけではなく、ファッションや気分転換などのために消費されているという性格が強い。したがって、一般用医薬品のなかでも最も嗜好品や健康食品に近い性質をもっており、その販売はいわば社会的現象ということができ、危うい側面を有していた。さらに、ドリンク剤は非常に大きな市場セグメントであり、A社も従来はドリンク剤を成長の糧としてきた。消費者のドリンク剤離れが起きれば、事業に大きな影響があるだろうと思われた。この他の社会的環境変化としては、高齢化や健康

図表7-3●マクロ環境分析（PEST）

政治的要因 (Political)	経済的要因 (Economic)
●対面販売規制の撤廃 ●医薬部外品範囲の変更 ●スイッチOTCの認可基準の変更 ●医療用医薬品に関する規制の変更 ●保険制度の改訂	●景気の変動
社会的要因 (Sociological)	技術的要因 (Technological)
●ドリンク剤の人気低下 ●高齢化の進展 ●健康志向（サプリメント、予防系医薬品、フィットネス）の進展	●インターネットの普及

志向の進展による薬品の消費増加があげられた。

最後にT（技術的環境変化要因）としては、インターネットの普及があげられた。インターネットの普及はネット販売などを助長するため、販売チャネルに影響を与えるほか、サーバー上での人工知能（AI）などを利用した自動診断や、患者データベースの収集と共有など、様々な事業の発展の可能性に道を開くものであるとも考えられた（図表7-3）。

❖ 産業バリューチェーンへの影響分析

マクロ経済分析による一般用医薬品事業に大きな影響を及ぼす環境要因の洗い出しが終わると、A社メンバーは、産業バリューチェーンへの影響分析

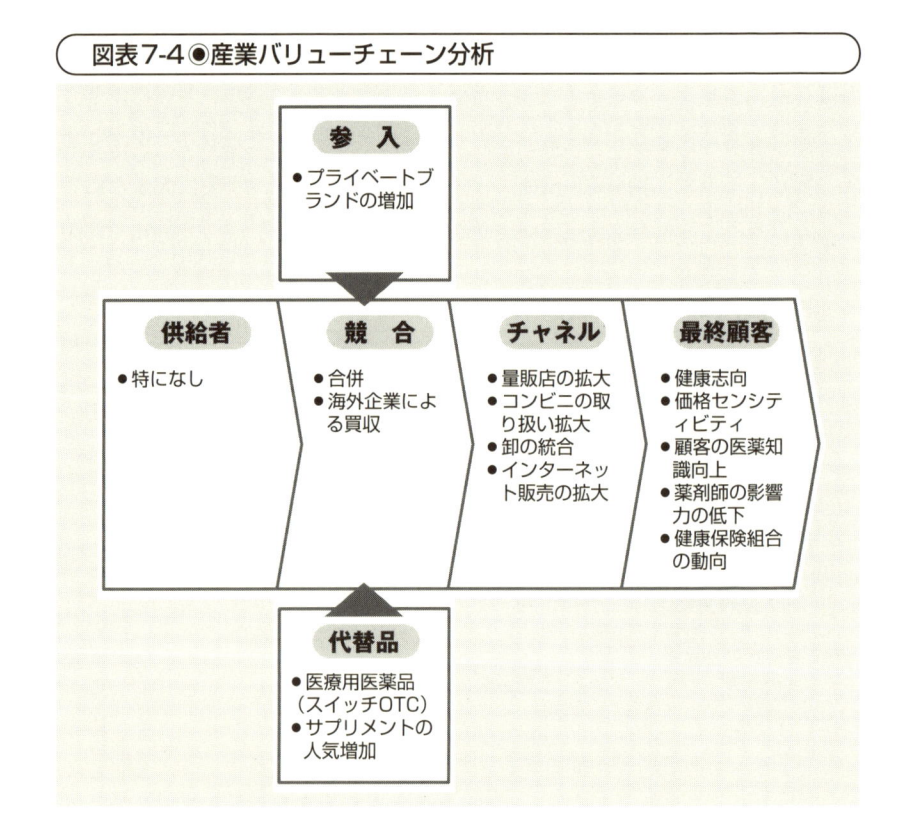

図表7-4●産業バリューチェーン分析

参入
- プライベートブランドの増加

供給者	競合	チャネル	最終顧客
・特になし	・合併 ・海外企業による買収	・量販店の拡大 ・コンビニの取り扱い拡大 ・卸の統合 ・インターネット販売の拡大	・健康志向 ・価格センシティビティ ・顧客の医薬知識向上 ・薬剤師の影響力の低下 ・健康保険組合の動向

代替品
- 医療用医薬品（スイッチOTC）
- サプリメントの人気増加

に移った。

　産業バリューチェーン分析では、図表7-4のような産業バリューチェーンを描き、マクロ経済分析で洗い出された環境変化要因を前提として、一般用医薬品の産業がどのような影響を受けるかを検討していった。また、環境変化だけではなく、産業内のダイナミクスによって生じている主要な変化要因も追加していった。

　最も大きな変化を受けるのは、チャネルと最終顧客であると考えられた。

　まずチャネルは、長引く不況の影響で量販店や大手のドラッグストアチェーンが人気を博し、個人営業の薬局・薬店は減少傾向にある。だが、大手のチェーン店は、当然のことながら価格交渉圧力が大きいため、A社にとってはマイナス要因となっているが、今後この傾向はますます強まると考えられた。

　小売のひとつ手前の医薬卸については、独自の業界ダイナミクスによって合従連衡が行われている。卸業者の効率が高まれば、現在の自社の強みである独自配送の優位が脅かされると考えられる。

　さらに、インターネットの普及を前提として、対面販売規制が緩和されれば、インターネットによる一般用医薬品の販売が盛んになることが考えられた。実際、すでにこれに近いことがインターネットで行われはじめている。

　最終顧客は、マクロ環境分析におけるドリンク剤の人気や高齢化の進展、健康志向などの社会現象の担い手であり、それらがそのまま顧客の購買行動に影響を与えるものと考えられる。また、インターネットの普及により価格情報に関する情報が最終顧客に行きわたると、顧客の価格センシティビティが上昇するということも考えられた。

　さらに、健康志向の向上により、顧客のもつ医薬知識が向上することが考えられた。現実に、医療用医薬品も含めて、薬品に関する書籍は近年非常に充実してきており、また食物に含まれる様々な物質の効果に関するテレビ番組が人気を博している。この傾向が強まれば、消費者は物質名のみを参考にして購買するようになり、企業や薬品のブランドの意味は減殺され、いままでブランドによって差別化していたドリンク剤や風邪薬などの販売方法は、見直す必要があると考えられた。

次に競合について見てみると、主に医療用医薬品における研究開発リスクの軽減から医薬品企業が規模の経済を求めるようになり、大型合併が相次いでいる。また、海外企業による日本進出も積極的に行われており、いままで医療用医薬品のみを販売していた海外企業も、日本における活動を増加させるにつれて一般用医薬品の販売を行うようになってきている。これらは、大きな競合圧力となると考えられる。

参入は、異業種からの参入が考えられた。特に、ドラッグストアチェーンなどの量販店が拡大し、景気後退によって消費者が価格指向になり、またブランドの力が弱まると、小売によるプライベートブランドが増加してくると考えられた。

代替品としては、一般用医薬品の認可基準の変更や医療保険制度の改訂などにより、特に医療用医薬品との関係が変化すると考えられる。また、最近の健康志向によって、サプリメントが人気を博しており、これがドリンク剤の需要に大きな影響を与えるのではないかということが懸念された。前述したように、ドリンク剤は医薬品というより嗜好品や健康食品としての性格が強いからである。

シナリオの展望期間（タイムホライゾン）の決定

不確実要因の洗い出しのためのワークショップが終ると、経営企画部の面々はシナリオを作成する前提としての作業にとりかかった。まず、シナリオの展望期間（タイムホライゾン）を設定することとした。その際の議論の論点を整理すると以下のとおりである。

＊シナリオの目的としては、一般用医薬品事業の事業戦略を立案することにあり、基本的には現時点における自社の戦略的行動を決定することにある。だとすれば、自社の行動のリードタイムと比較してあまりにも短い期間の設定は意味がないと考えられた。また、短い期間では、すでに見えている未来となってしまって、シナリオ・プランニングを使用する

2 事業の定義および環境変化要因抽出と展望期間設定

ことが無意味になってしまう。

したがって、少なくとも3年以上の展望期間を設定することが望ましいと考えられた。

* 本シナリオの大きな目的のひとつとして、中期経営計画に反映させることがある。A社の中期経営計画は、過去、毎年のローリングで5年間分の戦略立案と、損益計算書および投資計画の策定を行っていた。

したがって、中期経営計画との整合性という意味では5年という展望期間が妥当であると考えられた。

* いままでに不確実要因の洗い出しを実際に行ってみた結果、不確実要因もせいぜい5年先までに関するものであり、それ以上の期間においては各専門分野における社内識者や業界知識をもつコンサルタントですら、不確実要因の項目すら思い浮かばないということが判明した。最近はIT技術の進歩や流通の変革スピードが加速しているため、過去の中期経営計画より長期の展望期間を設定することは不可能であると考えられた。

このような観点から、展望期間は5年以下とすべきであると考えられた。

図表7-5 ● シナリオ展望期間の設定

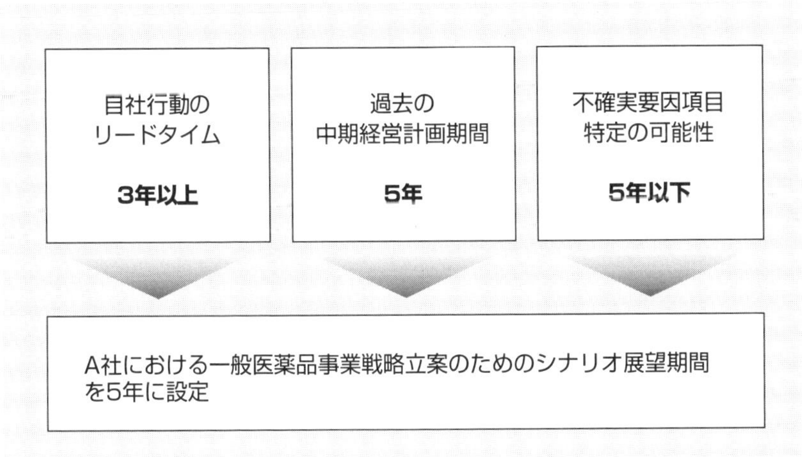

自社行動の リードタイム	過去の 中期経営計画期間	不確実要因項目 特定の可能性
3年以上	**5年**	**5年以下**

↓

A社における一般医薬品事業戦略立案のためのシナリオ展望期間を5年に設定

このような総合的な考慮から、A社のシナリオを作成するにあたっては、タイムホライゾンを5年とすることが決定された（図表7-5）。

3 シナリオ・ドライバーの抽出と分析

シナリオ・ドライバーへの絞り込み

　マクロ環境分析と産業バリューチェーンへの影響分析によって洗い出された不確実要因の候補を、シナリオの展望期間を5年としたうえで、ワークショップのメンバーの討議により、自社への影響と不確実性の2つの軸にプロットして、シナリオ・ドライバーの候補の選択を行った。

　例えば、高齢化やサプリメントの人気の向上などは、自社への影響は大きいものの、ほとんど間違いなく起こると考えてよく、したがってすべてのシナリオの前提として扱ってよいだろう。反面、景気の変動などは、現時点でどうなるか不明であるが一般用医薬品のビジネス全体への影響は限定的であると考えられた。このためこれらの要因は、シナリオ・ドライバーの基礎となりえないと考えられた。

　マクロ環境分析と産業バリューチェーンへの影響分析という2つの分析で重複している不確実要因はひとつとして取り扱い、その他は因果関係が認められても、この時点では別々の要因としてプロットしていった。この段階では詳細な分析は行わず、社内の識者と業界に詳しいコンサルタントの助言を得て、ワークショップメンバーの合意によってプロットした。そして、図表7-6の右上の欄に入ったもの、すなわち自社への影響が大きく、不確実性も高い要因をシナリオ・ドライバー選定の基礎としたのである。

図表7-6 ● 不確実要因のシナリオ・ドライバーへの絞り込み

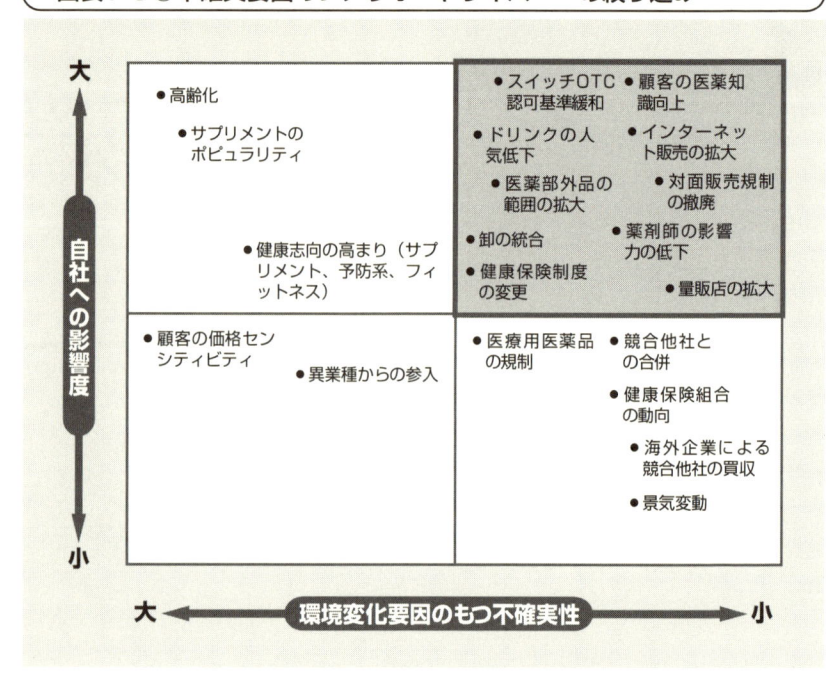

縦軸：自社への影響度（大 ↔ 小）
横軸：環境変化要因のもつ不確実性（大 ↔ 小）

左上（影響度大・不確実性大）
- 高齢化
- サプリメントのポピュラリティ
- 健康志向の高まり（サプリメント、予防系、フィットネス）

右上（影響度大・不確実性小）
- スイッチOTC認可基準緩和
- 顧客の医薬知識向上
- ドリンクの人気低下
- インターネット販売の拡大
- 医薬部外品の範囲の拡大
- 対面販売規制の撤廃
- 卸の統合
- 薬剤師の影響力の低下
- 健康保険制度の変更
- 量販店の拡大

左下（影響度小・不確実性大）
- 顧客の価格センシティビティ
- 異業種からの参入

右下（影響度小・不確実性小）
- 医療用医薬品の規制
- 競合他社との合併
- 健康保険組合の動向
- 海外企業による競合他社の買収
- 景気変動

因果関係・連動性・相互作用の分析

しかし、これではまだ不確実要因の数が多すぎるため、シナリオ・ドライバーを抽出するためには、これを分類して数を減らさなければならない。因果関係があるものは同時に発生する確率が高いから、同一のシナリオ・ドライバーとしてもよく、本質的に同じ問題を語っているものも同一のシナリオ・ドライバーとして扱うこととした。

まず、スイッチOTCの認可基準と健康保険制度の変更は、一応別々の問題ではあるものの、一般用医薬品と医療用医薬品の相対的優位性に関するものであり、きわめて類似の結果をもたらすため、同一のシナリオ・ドライバーとして扱ってよいと考えられ、これを「医療用医薬品との相対的優位性」と名づけることとした。

3 シナリオ・ドライバーの抽出と分析

　他の不確実要因を見てみると、2つの種類があるように思われた。チャネルに関するものと顧客の行動に関するものである。

　まず、医薬部外品の拡大や対面販売の撤廃、それに卸の統合は、それらの結果として量販店の拡大やインターネット販売を引き起こすと考えられる。これらは、どれが起こったとしても、薬局・薬店とダイレクトに結びつくという現在のチャネル政策を無意味なものとする可能性をもっている。

　顧客の医薬知識向上、ドリンク剤の人気低下、薬剤師の影響力低下はともに顧客に関するものである。医薬知識の向上が他の2つを引き起こすという因果関係があると考えられる。

　ところで、さらによく見てみるとチャネルの問題と顧客の行動に関する問題は、相互にリンクしていると考えられた。量販店の拡大やインターネット販売は、薬剤師の顧客への影響を低下させる。また顧客の医薬知識向上はインターネットによって引き起こされるし、反対に顧客の医薬知識の向上が、

図表7-7●不確実要因間の因果関係・連動性・相互作用の分析

医療用医薬品との相対的優位性

- スイッチOTC認可基準緩和
- 健康保険制度の変更

チャネルと顧客行動

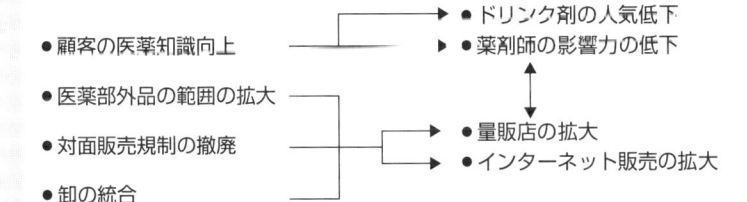

- 顧客の医薬知識向上 → ドリンク剤の人気低下
- 　　　　　　　　　 → 薬剤師の影響力の低下
- 医薬部外品の範囲の拡大
- 対面販売規制の撤廃 → 量販店の拡大
- 卸の統合 → インターネット販売の拡大

（薬剤師の影響力の低下 ⇔ 量販店の拡大／インターネット販売の拡大）

顧客自身で選択するという自信を生み、量販店やインターネットでの購入を引き起こしているとも考えられる。いずれにしても、チャネル・顧客ともにマーケティングに関する問題である。

したがって、チャネルに関する諸要因と顧客に関する諸要因を同一のシナリオ・ドライバーとして扱い、「チャネルと顧客行動」と名づけることとした。

このようにして、2つのシナリオ・ドライバーが決定された（図表7-7）。

4

シナリオの構築

　A社における一般用医薬品事業に関するこれまでのワークショップの議論において、「医療用医薬品との相対的優位性」と「チャネルと顧客行動」という2つのシナリオ・ドライバーを抽出したが、シナリオを作成する前提として、これらのシナリオ・ドライバー間の相互作用を確認しなければならない。

　これらの間に相互作用がないとすると、シナリオは単に2つの事象のセットの組み合わせとなるが、本当にそうなのか、それとも各組み合わせ以上の内容を含む（相互作用を有する）のかを確認するためである。

シナリオ・ドライバーのとりうる状態の想定

　まず、シナリオ・ドライバー単体として観察した場合、設定されたタイムホライゾン（5年）において、どのような事象を引き起こすのかを確認した。これらのシナリオ・ドライバーの基礎としては、実際には多くの不確実要因が関係しており、下記の2状態の中間的な状態をとる可能性があるが、シナリオの数をいたずらに増やさないようにするため、これらのシナリオ・ドライバーを離散的なものとして取り扱い、これらの中間的な状態は捨象して考えることとした（図表7-8）。

図表7-8 ●シナリオ・ドライバーのとりうる状態の想定

医療用医薬品との相対的優位性	
現状維持	一般用医薬品の相対的優位性が向上
スイッチOTCの認可基準は現状のままであり、健康保険制度の変更も現行の患者2割負担から患者3割負担となるにとどまり、基本的に医療用医薬品との相対的優位性は変化しない	スイッチOTCの認可基準が緩和され、さらに健康保険制度の変更により患者負担額が増加し（5割）、薬効と価格の両面において医療用医薬品に対する相対的優位性が高まる

チャネルと顧客行動	
現状維持	チャネルと顧客行動が変化
医薬部外品の範囲は現状にとどまり、インターネット販売も医薬品の取り扱いの安全性を重視して、規制され続ける。薬効別の売上高比率も現状のまま推移する	医薬部外品の範囲が拡大し、コンビニやスーパーでの薬品の販売が増加する。インターネット販売も行われる。ドラッグストアにおける対面販売は減少し、その結果、消費者の購買行動は一般食品に近づく。医薬卸と日雑卸の融合が起こる。調剤薬局の収益性が低下。医薬品と食品の抱き合わせ販売などが盛んになる

シナリオ論理モデルの構築

　このシナリオ・ドライバーと単体のドライバーが引き起こすシナリオ事象を前提として、2つのシナリオ・ドライバーの一方のみが生じた場合と、2つ同時に生じた場合の関係を、マトリクス型のシナリオ論理モデルに表したのが図表7-9である。

　まず、「医療用医薬品との相対的優位性」のみが変化する場合、患者は通院しなくなり、薬局・薬店で一般用医薬品を買い求めるようになる。しかも、チャネルに変化が生じないため、医療機関の収益が悪化するとともに、既存の薬局・薬店の収益性が極端に向上し、チャネルの性質を変えないまま参入が増加すると考えられる。

　次に、「チャネルと顧客行動」のみが変化する場合、既存チャネルは量販

店やインターネット薬店に敗退していくものと考えられる。チャネルの集約が進み、しかも顧客がブランドよりも成分や機能に目を向けるようになるので、プライベートブランドが多数登場し、しかも従来の医薬品企業のブランドに対して大きな競争力を獲得するものと考えられる。

最後に、最も劇的な変化が生じるのは、「医療用医薬品との相対的優位性」と「チャネルと顧客行動」の両方が変化する場合である。多くのスイッチOTC（医療用医薬品として開発された薬品を一般用医薬品として販売するもの）が提供される一方で、インターネットでの販売も盛んになるため、個人のサーバー上での診断や、病歴・薬歴・アレルギーなどのデータベース管理

図表7-9●マトリクス型シナリオ論理モデル

		医療用医薬品との相対的優位性	
		現状維持	一般用医薬品の優位性向上
チャネルと顧客行動	現状維持		医療用医薬品との相対的優位性のみが向上するので、既存チャネルの収益性が極端に向上する。その結果としてドラッグストアなどのチャネルへの参入が活発化する。
	変化	医療用医薬品との相対的優位性が向上せず、量販店やインターネットチャネルなどによる販売が増加するため、既存チャネルの収益性が低下する。チャネルの統廃合が進み、強力な量販チャネルによるプライベートブランドが増加する。	インターネットの普及によって、ネット上での情報提供の他、ネットでの診断や病歴の蓄積が盛んになる。その結果病歴提供サービスなどが大きな産業として登場する。チャネルの変化によりヘルスケアのアグリゲータが出現する。病院に通院する患者が減少し、医療機関、健保組合が一般用医薬品の販売にも乗り出してくる。

と情報提供が大きなビジネスとして現れてくるだろう。

　また、患者の代理として患者の病歴・薬歴を熟知した購買エージェント業者が一般用医薬品のみならず、医療用器具や食品までもまとめて取り扱うアグリゲータとして出現してくるものと考えられる。その一方で、通院は減少するので、医療機関の収益性は悪化し、保険組合の重要性も低下してくるため、これらの機関が一般用医薬品も取り扱うようになると考えられる。

　したがって、この状態では、現在のチャネルの棲み分けは事実上崩壊しており、患者に関する情報の重要性が増し、それさえ押さえれば様々な追加的なビジネスも行うことができる状態となる。また、メーカーが診断サイトを設置し、顧客データベースを整備して直接インターネットで顧客とコミュニケーションを行えるようになる一方、現在のチャネルや医師は顧客の病歴・薬歴情報を囲い込み、顧客の購買代理として機能しようとするため、バリューチェーン上の棲み分けもあいまいになってくると考えられる。

シナリオの構築

　シナリオは、シナリオ・ドライバーが単体として引き起こす事象とシナリオ・ドライバー間の相互作用によって引き起こされる事象との組み合わせとなる。一般的にシナリオ・ドライバー単体が引き起こす事象のほうが先に出現し、それによってシナリオ・ドライバー間の相互作用によって引き起こされる事象が出現するという過程を踏むことになるだろう。

　この一般用医薬品市場におけるA社の場合、2つのシナリオ・ドライバーの両方が現状を維持するときには、シナリオを検討する必要は少ないだろう。なぜなら、A社は現在市場において優位に立っており、その優位は、後に分析するように好循環関係によって守られているため、戦略的な変更を行う必要に乏しいからである。

　したがって、2つのドライバーとも現状を維持するシナリオはつくらないこととし、それぞれ一方のみのドライバーが出現した場合と両方同時に出現した場合の計3シナリオを作成することとした。

シナリオには、それぞれ名前をつけることとした。まず、医療用医薬品との相対的優位性のみが出現する場合、上の観察から、既存チャネルは従来医療機関に通っていた患者を取り込み、収益性が著しく向上するはずである。したがって、このシナリオを「薬局パラダイス」（シナリオ1）と呼ぶ。

次に、チャネルと顧客行動のみが変化する場合には、既存チャネル以外のチャネルが出現し、それらが競い合う世界になる。したがって、このシナリ

図表7-10●各シナリオの名称と内容

	医療用医薬品との相対的優位性	
チャネルと顧客の購買行動	現状維持	一般用医薬品の優位性向上
現状維持		薬局パラダイス（シナリオ1）
変化	チャネル戦国時代（シナリオ2）	医薬品市場の再創造（シナリオ3）

薬局パラダイス（シナリオ1）	●医療用医薬品との相対的優位性が向上する ●薬局・薬店、ドラッグストア（既存チャネル）の収益性が向上する ●既存チャネルへの参入が増加する
チャネル戦国時代（シナリオ2）	●既存チャネル以外の小売形態（スーパー、量販店）が重要なチャネルとなる ●インターネット販売が増加する ●既存チャネルの統廃合が進む ●チャネルによるPB商品の開発が盛んになる
医薬品市場の再創造（シナリオ3）	●チャネルに関しては基本的にシナリオ2の状況が出現する ●加えて、ヘルスケアの総合アグリゲータが出現する ●加えて、医療機関の収益性が低下するため、一般用医薬品の販売に参入してくる。健康保険組合も一般用医薬品の事業に参入してくる ●強力な薬効の薬品をネット上で処方するため、病歴・薬歴の情報提供サービスやネット診断サービスが出現する

オを「チャネル戦国時代」(シナリオ2)と呼ぶ。

最後に、シナリオ・ドライバーの両方が出現する場合、それらの相乗効果により大きな業界変革や新たな産業が出現する。したがって、このシナリオを「医薬品市場の再創造」(シナリオ3)と呼ぶこととした。

そして、シナリオ論理モデルから、各シナリオのエッセンスを整理して、シナリオの名称とともに整理を行った(図表7-10)。

5 ビジネスモデル分析とシナリオ下での影響分析

次にA社のワークショップメンバーは、自社ビジネスモデルとシナリオとの関係の整理にとりかかった。まず、静的なビジネスモデルの整理を行った。

図表7-11●静的なビジネスモデルの整理

		自 社	一般薬他社	医療用系
ターゲット顧客		全 体	特定の疾患の患者	全 体
提供価値		●フル製品ライン ●特に強力な薬効なし ●チャネルに対しては厚い粗利	●特定疾患の製品群 ●特に強力な薬効なし ●チャネルに特別な還元はしない	●特定疾患領域に集中 ●一部スイッチOTCあり ●チャネルに特別な還元をしない
ビジネスプロセス	チャネル	●薬局・薬店と直接取引 ●最終顧客と直接の接触なし	●医薬卸経由 ●最終顧客と直接の接触なし	●医薬卸経由 ●ただし、医師とは継続的に情報交換を行う
	技 術	●通常の製薬技術 ●独特の受発注技術	●通常の製薬技術 ●流通上の技術なし	●スイッチOTC開発の潜在的開発力 ●流通上の技術なし
資源配分		●薬局などへの還元 ●マスプロモーション	●特定製品に関するマスプロモーション	●マスプロモーションは限定的
コアコンピタンス		●流通に関するノウハウ ●マスマーケティング	●特定疾患領域に関する知識・マーケティング	●製品開発力 ●医者との関係

その要約が図表7-11である。

競合他社は、2つの戦略グループに分けることとした。すなわち、一般用医薬品を中心に販売し、主に医薬卸を使用している「一般薬他社」と医療用医薬品を事業の中心とし、一般用医薬品も販売している「医療用系」である。

さらに、自社の静的なビジネスモデルが各シナリオによってどのような影響を受けるかを整理するため、次のような表を作成した（図表7-12）。この結果、すべてのシナリオにおいて製薬技術面での課題が発生することが判明し

図表7-12●自社ビジネスモデルのシナリオによる影響

		自社ビジネスモデル	シナリオ		
			薬局パラダイス	チャネル戦国時代	医薬品市場再創造
ターゲット顧客		全体	特定薬効に関する評判をもたず、医療用系と比較して不利		左記2つに同じ
提供価値		・フル製品ライン ・特に強力な薬効なし ・チャネルに対しては接触なし	スイッチOTCの氾濫により、既存一般薬駆逐の可能性	チャネルに厚い粗利を渡しても、チャネルの顧客への影響力が確保できない	左記2つに同じ 加えて、患者情報など新産業に参加できない
ビジネスプロセス	チャネル	・薬局・薬店と直接取引 ・最終顧客と直接の接触なし	既存チャネルは残るが、新規参入者への拡大が必要	既存チャネルにコミットしており不利 新規チャネルには卸使用の必要あり	左記2つに同じ
	技術	・通常の製薬技術 ・独特の受発注技術	医療用系によるスイッチOTC発売により製薬技術面で不利	ストアブランド（PB）に対して製薬技術面で優位に立てない 受発注技術の優位性消滅	製薬技術面で不利 受発注技術無意味 患者履歴提供技術なし
資源配分		・薬局などへの還元 ・マスプロモーション	薬局への還元、マスプロモーションは機能し続ける可能性大	チャネルが特定せず、利益還元できない One to One発達によりマスが機能しない	チャネル戦国時代に同じ（既存資源配分機能せず）
コアコンピタンス		・流通に関するノウハウ ・マスマーケティング	流通知識、マスマーケティングは有利 製薬技術が不足	既存流通、マーケティングスキルは無意味	流通マーケティング面、製薬技術面ともに不適当

212

た。また、チャネル上の課題もその性質は異なるが、すべてのシナリオにおいて発生していた。さらに、「医薬品市場の再創造」シナリオでは、患者に関する病歴・薬歴照会サービスや、インターネット診断などの新たなサービスが登場してくるが、それらに対しても現在のビジネスモデルはまったく優位性を提供しないことも判明した。

静的なビジネスモデルとそのシナリオによる影響を整理したら、次に動的なビジネスモデルの整理へと移った。議論の結果、現在大きく3つの好循環関係が働いていることが判明した。すなわち、①高利益を背景にチャネルに高粗利を提供することによるチャネルインフルエンスの増加、②高利益を背景としたテレビプロモーションとそれによる認知の向上、そして③現在の販売規模自体がもつ顧客認知への好影響である。これらを図表7-13のような図にまとめ、これらの好循環が働く前提を付記した。

これら3種類の好循環がシナリオによってどのような影響を受けるかを、以下のようにまとめた（図表7-14）。これによると、それぞれのシナリオで別々の理由により既存の好循環が破壊されるが、現在の販売規模に基づく認

図表7-13●動的なビジネスモデルの整理（1）

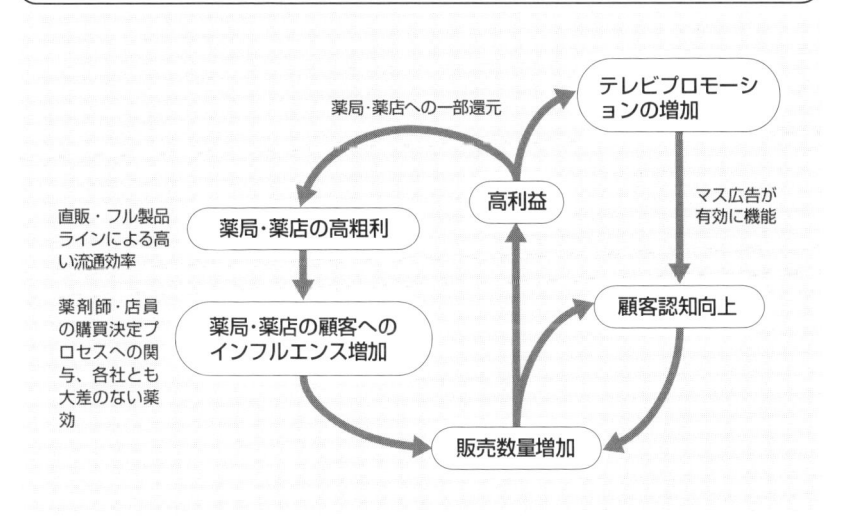

知の好循環は破壊されずに残り、しばらくの間は優位を提供し続けることがわかる。

したがって、この好循環が残存している間に戦略的行動をとらないと現在の優位は急速に失われると考えられた。

図表7-14●動的なビジネスモデルの整理（2）

	薬局パラダイス	チャネル戦国時代	医薬品市場再創造
チャネルインフルエンス	チャネルの利益はますます増大するため、好循環が強化される（ただし、チャネルの新規参入者をカバーする必要あり）	チャネルの種類が増大し、既存チャネルの収益性が低下するため、好循環が破壊される　PBの出現によりさらに不利	「チャネル戦国時代」に同じ
テレビ宣伝販売量	特に変化なし　ただし、既存の認知は利用できるため、医療薬系に対して参入障壁となる	One to Oneコミュニケーションが発達するため、マス広告と販売量の好循環が破壊される	「チャネル戦国時代」に同じ　加えて、消費者の薬効による選択が強烈に起こるため、好循環はまったく破壊される
販売量と認知	変化なし　チャネルの変化にかかわらず、この好循環は初期的には働き続けるが、他の影響で販売量が減少すると消滅する	変化なし　チャネルの変化にかかわらず、この好循環は初期的には働き続けるが、他の影響で販売量が減少すると消滅する	変化なし　チャネルの変化にかかわらず、この好循環は初期的には働き続けるが、他の影響で販売量が減少すると消滅する

6 個別シナリオに対する戦略策定と戦略の統合

　A社経営企画部の面々は、いままでのシナリオの分析をもとに、まず個々の各シナリオに対して戦略の策定を行った。この戦略の策定には、実際には2回程度のワークショップの準備と開催を行っている。その結果をまとめると以下のようになる（図表7-15）。

　まず、「薬局パラダイス」シナリオ（シナリオ１）においては、医療用医薬品の一般用医薬品へのスイッチが発生するため、製薬技術面で医療用系の企業に対して不利となる。したがって、この不利を回避するため、薬品の開発力を強化すべきであると考えられた。また、既存チャネルが引き続き主流を占めることから、既存チャネル（薬局・薬店）へのさらなるインセンティブの強化や受発注システムへのさらなる投資、そして薬局・薬店が収益力を向上させる分増加する新規参入へのきめ細かなカバーが必要であると考えられる。

　次に、「チャネル戦国時代」シナリオ（シナリオ２）においては、既存チャネル（薬局・薬店）との強固な関係が優位性の基礎となりえなくなるため、自社で直接顧客と結びつくためのアグリゲータ事業を開始したり、新規チャネルとのパイプを確保したりすることが必要となるだろう。また、PBブランドがいま以上に盛んになることに備えて、生産コストの引き下げや自社ブランドの強化、また薬効面でPBとの差別化をはかるため、薬品開発力を強化すべきだとの結論に至った。

　最後に、「医薬品市場再創造」シナリオ（シナリオ３）においては、患者（顧客）の病歴・薬歴提供サービスなどの新規産業やオンライン診断などの

図表7-15●各個別シナリオに対する戦略

シナリオ	戦略のもととなる事象	対応する戦略
薬局パラダイス（シナリオ1）	製薬技術で医療用系に比較して不利になる	薬品開発力強化（他社買収or社内育成）
	既存チャネルが引き続き主流	既存チャネルへのインセンティブ強化
		既存情報システムへのさらなる投資
	既存チャネルへの参入が増加	参入者を自社システムでカバー
チャネル戦国時代（シナリオ2）	インターネットの発達とアグリゲータビジネス機会	自社もアグリゲータビジネスに進出
		生産コストの引き下げ（海外生産、ローコスト生産者買収、製造アウトソース）
	小売によるPBブランド増加	PB生産の受託
		自社ブランドの強化
		薬品開発力強化（PBとの差別化）
	新規チャネルの増加	新規チャネルとのパイプ開発
医薬品市場再創造（シナリオ3）	患者（顧客）情報提供事業機会の出現	患者情報の蓄積とアグリゲータ事業化
	オンライン診察サービスの出現	診察AIエンジンの開発
	顧客の医薬知識の向上と選択クライテリア変化	薬品開発力強化
	インターネットの発達とアグリゲータビジネス機会	自社もアグリゲータビジネスに進出
	チャネルから顧客への完全なパワーシフト	自社ブランドの強化

新たなサービスが登場するため、これらにいち早く参入しておくことが望まれる。また、薬効的に強力な薬品が望まれる一方、顧客も薬効によって医薬品を選択するようになるため、このシナリオにおいても薬品の開発力の強化が望まれる。最後にマーケティングは完全にプル型のものとなるため、自社ブランドの強化が必要となるだろう。

そして、これらの各シナリオに対する戦略を、①いますぐ実行する戦略、②ある環境が出現した場合に実行する戦略、③オプション獲得のために実行しておく施策に分類した。その要約は図表7-16のとおりとなる。

図表7-16 ● 戦略全体のまとめ

戦略の分類	採用する戦略	備考
いますぐ実行する戦略	薬品開発力強化（他社買収or社内育成）	すべてのシナリオで必要
	自社ブランドの強化	一部のシナリオで特に重要だが、他のシナリオにおいても害とはならないため、すぐに実行する
	生産コストの引き下げ（海外生産、ローコスト生産者買収、製造アウトソース）	
ある環境が出現した場合に実行する戦略	既存チャネルへのインセンティブ強化	
	既存情報システムへのさらなる投資	医薬部外品の範囲や対面販売規制の動向による（現状維持の場合）
	参入者を自社システムでカバー	
	新規チャネルとのパイプ開発	医薬部外品の範囲や対面販売規制の動向による（規制撤廃の場合）
	PB生産の受託	
オプション獲得	患者情報の蓄積、アグリゲータ事業化	これらの事業は、他社に遅れて開始しても優位を獲得するのが難しいので、事業リスクと投資が発生するが、現時点で参入しておく
	診察AIエンジンの開発	

　薬品開発力の強化は、すべてのシナリオで必要なため、緊急の課題として認識された。自社ブランドの強化と生産コストの引き下げは、一部のシナリオで特に重要であり、他のシナリオでは緊急の課題ではないが、いずれにしても有益であるため、いますぐに実施すべき課題として認識された。

　既存チャネル（薬局・薬店）へのさらなるコミットとなるインセンティブ強化、受発注システム改善などは、対面販売規制や医薬部外品の範囲などの規制が維持された場合にのみ実行すべきこととし、これらの規制の動向を注視することとなった。

　一方、規制撤廃の場合には、新興のチャネルとのパイプを開発したり、出現してくるPBを受託したりして、販売と収益力を確保すべきであるとの結論に至った。

　次に、患者（顧客）情報提供サービス、アグリゲーションなどの新たな事

業やオンライン診察などが実際に出現してくることに備えて、事業リスクや投資が発生するものの、これらの事業への参入や、AIエンジンの開発を行っていくこととした。

　最後に、戦略ではないが、対面販売規制や医療保険制度、一般薬認可基準などの動向を見守り、定期的に厚生労働省や規制関係者の言動を注視するために、これを担当する担当者を経営企画部に設けることとした。

　また次のステップとして、各事業部門が、統合された戦略を具体的な施策に落とし込み、経営企画部が、それらを統括して、実施計画を策定することになった。

著者紹介

池田和明（いけだ・かずあき）
PwCコンサルティング株式会社 パートナー.
製造・流通産業事業部 戦略コンサルティング・サービス・リーダー.
新潟県生まれ．1987年公認会計士第2次試験合格．1991年同第3次試験合格．1988年早稲田大学社会科学部卒業．監査法人を経てPwCコンサルティング入社．2001年より現職．早稲田大学理工学部大学院非常勤講師．事業戦略策定，シナリオ・プランニング，投資意思決定分析などのコンサルティングに責任者として従事する．主な著訳書として『キャッシュフロー経営入門』（共著），『メタキャピタリズム』（共訳）がある．

今枝昌宏（いまえだ・まさひろ）
PwCコンサルティング株式会社 シニアマネージャー.
事業戦略・競争戦略担当リーダー.
愛知県生まれ．京都大学大学院法学研究科修了，米国エモリー大学ビジネススクールMBA課程修了．㈱ジャパンエナジーを経てPwCコンサルティング入社．2001年より現職．事業戦略立案，新規事業立上げ，日本市場参入，数理的意思決定などのコンサルティングに従事する．主な訳書として『戦略立案ハンドブック』がある．

実践 シナリオ・プランニング
2002年7月11日 発行

著者　池田和明／今枝昌宏
発行者　高橋　宏

発行所　〒103-8345　東京都中央区日本橋本石町1-2-1　東洋経済新報社
電話　編集03(3246)5661・販売03(3246)5467　振替00130-5-6518
印刷・製本　日経印刷

本書の全部または一部の複写・複製・転載および磁気または光記録媒体への入力等を禁じます．これらの許諾については小社までご照会ください．
©2002〈検印省略〉落丁・乱丁本はお取替えいたします．
Printed in Japan　ISBN 4-492-53144-0　http://www.toyokeizai.co.jp/

メタキャピタリズム

ニューエコノミーを
勝ちぬくための
理念・戦略・組織改革の法則を
明らかにする。

B2B革命の本質

プライスウォーターハウスクーパース
グラディ・ミーンズ／デビッド・シュナイダー 著
戦略コンサルティング・サービス事業部 訳

定価（本体1800円＋税）

メタキャピタリズム
21世紀企業をデザインする

プライスウォーターハウスクーパース
グラディ・ミーンズ／デビッド・シュナイダー 著
戦略コンサルティング・サービス事業部 訳

THE E-BUSINESS REVOLUTION
AND THE DESIGN OF
21ST-CENTURY COMPANIES
AND MARKETS

東洋経済新報社

主要目次

序 論	メタキャピタリズムとは何か
第1章	B2B eビジネス革命の夜明け
第2章	メタキャピタリズムのダイナミクス
第3章	B2Bのための新しいビジネスプロセス・モデル
第4章	進化するメタキャピタリスト・マーケット
第5章	各業界におけるB2B変革とメタマーケット形成
第6章	メタキャピタリズムにおけるニューエコノミクスのパフォーマンス評価
第7章	バブルイン、バブルアウト、トランスフォーメーション
エピローグ	新世界：デジタル・ディバイドの消滅

東洋経済新報社

THE VALUEREPORTING REVOLUTION

適切な財務報告と会計監査、積極的な企業価値のIR活動ができない企業は滅びるしかない！

企業情報の開示

定価（本体2600円＋税）

次世代ディスクロージャーモデルの提案

R・エクレス／R・ハーツ／M・キーガン／D・フィリップス [著]
中央青山監査法人／PwCコンサルティング [訳]

新しい業績評価指標にもとづく企業報告の枠組みと具体的指針を示す。
経営幹部、財務担当者、アナリスト、会計士、投資家など必読の衝撃的レポート。

◆主要目次◆
- 第1章 バリュー レポーティング総説
- 第2章 利益とは何か
- 第3章 会計原則の変化とIAS
- 第4章 企業とマーケットにおける認識ギャップ
- 第5章 リスク情報のディスクロージャー
- 第6章 一般利害関係者への影響
- 第7章 ディスクロージャーの効果
- 第8章 ディスクロージャーモデル
- 第9章 コーポレートガバナンス
- 第10章 基準設定主体
- 第11章 法規制、情報技術、資本市場

東洋経済新報社

基本と応用が、この一冊でマスターできる!

主要な概念と方法論を事例に則して解説し、体系的に位置づけたビジネス・スクールの人気テキスト、待望の翻訳。

定価（本体3800円+税）

戦略立案ハンドブック

DEVELOPING BUSINESS STRATEGIES

デービッド・A・アーカー［著］
今枝昌宏［訳］

経営戦略事典としても活用できるベーシックな入門書

［概念］戦略グループ、撤退、参入、移動障壁、セグメンテーション、ポジショニング、戦略的不確実性、強み、弱み、ブランドエクイティ、シナジー、先制戦略、戦略的提携、主要成功要因（KSF）、戦略の型、戦略的日和見主義 など

［方法論］先駆的顧客の調査、シナリオ分析、インパクト分析、リエンジニアリング、競争上の強みグリッド、技術予測、経験曲線、バリューチェーン分析、ポートフォリオモデル、顧客ベースの競合相手の特定、株主価値分析 など

―――戦略上のキーワード総解説

東洋経済新報社